essentials

essentials liefern aktuelles Wissen in konzentrierter Form. Die Essenz dessen, worauf es als „State-of-the-Art" in der gegenwärtigen Fachdiskussion oder in der Praxis ankommt. *essentials* informieren schnell, unkompliziert und verständlich

- als Einführung in ein aktuelles Thema aus Ihrem Fachgebiet
- als Einstieg in ein für Sie noch unbekanntes Themenfeld
- als Einblick, um zum Thema mitreden zu können

Die Bücher in elektronischer und gedruckter Form bringen das Expertenwissen von Springer-Fachautoren kompakt zur Darstellung. Sie sind besonders für die Nutzung als eBook auf Tablet-PCs, eBook-Readern und Smartphones geeignet. *essentials:* Wissensbausteine aus den Wirtschafts-, Sozial- und Geisteswissenschaften, aus Technik und Naturwissenschaften sowie aus Medizin, Psychologie und Gesundheitsberufen. Von renommierten Autoren aller Springer-Verlagsmarken.

Weitere Bände in dieser Reihe http://www.springer.com/series/13088

Manuel Faßmann · Christoph Moss

Instagram als Marketing-Kanal

Die Positionierung ausgewählter
Social-Media-Plattformen

Manuel Faßmann
Agentur für Kommunikation
mediamoss GmbH
Dortmund, Deutschland

Prof. Dr. Christoph Moss
Agentur für Kommunikation
mediamoss GmbH
Dortmund, Deutschland

ISSN 2197-6708   ISSN 2197-6716 (electronic)
essentials
ISBN 978-3-658-14348-0   ISBN 978-3-658-14349-7 (eBook)
DOI 10.1007/978-3-658-14349-7

Die Deutsche Nationalbibliothek verzeichnet diese Publikation in der Deutschen Nationalbibliografie; detaillierte bibliografische Daten sind im Internet über http://dnb.d-nb.de abrufbar.

Springer VS

Gedruckt auf säurefreiem und chlorfrei gebleichtem Papier

Springer VS ist Teil von Springer Nature
Die eingetragene Gesellschaft ist Springer Fachmedien Wiesbaden GmbH

Was Sie in diesem *essential* finden können

- Kenntnisse der Strukturen, des Aufbaus und Umgangs von und mit einer Marke
- Die Entwicklung von Instagram sowie die grundlegenden Strukturen der Foto- und Videosharing Community
- Gründe, warum es sich bei Instagram um ein essenzielles Marketing Tool im Web 2.0 handelt
- Den Vergleich der Kerneigenschaften der Social-Media-Kanäle Instagram, Facebook und Twitter auf Basis ihrer Charakterisierungen durch Nutzer und Unternehmen
- Die Positionierung von Instagram, Facebook und Twitter im Social-Media-Marketing-Kommunikationsmix
- Handlungsempfehlungen, wofür Unternehmen die Foto- und Videosharing Community Instagram in Abgrenzung zu Facebook und Twitter strategisch einsetzen können

Vorwort

Social Media ist das Schlagwort der vergangenen beiden Jahrzehnte. Menschliche Beziehungen verlagern sich zunehmend in das digitale Universum. Im Internet wird vernetzt, geteilt, gefolgt und abonniert. Nutzer diskutieren und entdecken neue Trends. Sie tauschen Gedanken aus und verursachen Shitstorms. Im Netz finden sich Nischengruppen, die sich in der realen Welt niemals gefunden hätten. Menschen lernen sich kennen, die sonst niemals ein Wort miteinander hätten wechseln können. Sei es auf Blogs, Microblogs, in sozialen Netzwerken oder auf Foto- und Videosharing-Plattformen – die sozialen Medien bieten ihren Nutzern vielfältige neue Arten, miteinander zu kommunizieren, und bestimmen einen großen Teil des heutigen Lebens. Und das Angebot wird ausgiebig genutzt: 56,1 Mio. Menschen in der deutschen Bevölkerung sind mittlerweile online (ard-zdf-onlinestudie.de 2015). Und davon sind bereits 78 % auf mindestens einer Social-Media-Plattform angemeldet (Bitkom 2013). Dabei entwickelt sich die Form und Idee der Nutzung der sozialen Medien stetig weiter.

Niemand hätte vor 15 Jahren geglaubt, dass Marketer einmal maßgeblich auf die Werbeformen im Internet – gar in den sozialen Medien – angewiesen sind. Wäre einem Menschen vor 15 Jahren erklärt worden, dass man kaum noch mit dem Handy oder Smartphone telefoniert, sondern vielmehr Zeit in den sozialen Medien damit verbringt – man hätte es wahrscheinlich noch weniger glauben können (Ambs und Schmied 2014).

Aber genau das ist heute Realität. Und eben dieses Potenzial bietet nicht nur den Menschen untereinander eine schier grenzenlose Kommunikationsfreiheit, sondern ist auch für Unternehmen und deren Marken eine bedeutende Chance, ihre Kommunikation neu zu erfinden. Bedingung dafür ist allerdings das Verständnis der Charakteristiken der verschiedenen sozialen Plattformen.

Instagram scheint den Nerv der Zeit getroffen zu haben und ist dabei, eine immer bedeutendere Rolle im Marketing-Mix einzunehmen. Die rasant wachsenden Nutzerzahlen und die jüngst erreichte Marke von 400 Mio. Usern sprechen für sich (Instagram 2016) und vor allem auch für Bilder, Emotionen und Storytelling. „Marken und Konsumenten standen sich noch nie so nah" (Nieberding 2014), schreibt Nieberding im Jahr 2014 in Bezug auf Instagram in einem Artikel für *Die Zeit*. Inwieweit diese Behauptung zutrifft, ist Gegenstand der Untersuchungen dieses *essentials*.

Dortmund, Deutschland   Manuel Faßmann
                                                              Christoph Moss

Inhaltsverzeichnis

Einleitung

1

Ungefähr 3,3 Mrd. Menschen nutzen mittlerweile weltweit das Internet und die Tendenz ist weiter steigend (worldometers 2016)[1]. Proportional dazu wächst die Nutzerzahl der Social-Media-Plattformen. Facebook hat nach eigenen Angaben eine Nutzerzahl von 1,59 Mrd. monatlich aktiven Usern. Instagram zählt 400 Mio. und Twitter 320 Mio. monatlich aktive User (Facebook Newsroom 2015; Instagram Blog 2015; Twitter 2015b). Diese Zahlen zu ignorieren wäre fatal. Aus diesem Grund kommt dem Social-Media-Marketing (SMM) eine enorm wichtige Bedeutung zu. Unternehmen müssen sich den sich stetig verändernden Herausforderungen des Web 2.0 stellen und sich die Anforderungen im Bereich der sozialen Medien immer wieder aufs Neue bewusst machen.

Es ist daher von Wichtigkeit, das SMM mit den Unternehmenszielen abzustimmen und es entsprechend in die Kommunikationspolitik einzugliedern, damit es ein solider Teil des Marketing-Management-Prozesses eines Unternehmens werden kann.

In den sozialen Medien sollte das Verständnis der *modernen Markenführung* nach Esch (2005) die Grundlage für das Kommunikationskonzept bilden. Die sozialen Plattformen scheinen die Chance zu bieten, die Markenidentität, die Markenpersönlichkeit und das Marken-Image und den damit einhergehenden Beziehungscharakter zu einer Marke nachhaltig zu prägen. Die stark wachsende Foto- und Videosharing Community Instagram bringt allem Anschein nach die optimalen Voraussetzungen dafür mit sich, fokussiert sie sich doch auf eine besondere Form der ästhetischen Inszenierung.

---

[1]Wesentliche Teile des vorliegenden Textes stammen aus der Abschlussarbeit „Instagram als Marketing-Kanal" von Manuel Faßmann (2015) an der BiTS-Hochschule in Iserlohn.

© Springer Fachmedien Wiesbaden 2016
M. Faßmann und C. Moss, *Instagram als Marketing-Kanal,* essentials,
DOI 10.1007/978-3-658-14349-7_1

Ziel dieses *essentials* ist es nun, die Vorstellungen von Unternehmen und Nutzern bezüglich Instagram, Facebook und Twitter zu überprüfen und zu vergleichen, um darauf aufbauend die Social-Media-Kanäle zu charakterisieren und ihnen eine bestimmte Rolle im Kommunikationsmix des SMM zuordnen zu können. Denn eine grundlegende Positionierung der einzelnen Kommunikationsträger ist für eine effektive und adäquate SMM-Strategieformulierung von elementarer Wichtigkeit.

Moderne Markenführung

2

„Marken sind die Goldadern für Unternehmen" (Esch und Möll 2005, S. 63). Eine Marke ist nicht nur ein „rechtlich geschütztes Herkunftszeichen" (Birnkraut 2015), sondern auch ein Vertrauensgut, welches eine bestimmte Qualität garantiert. Starke Marken haben einen verankerten Platz in den Köpfen der Menschen. Sie sind so inszeniert, dass sie auf „Herz und Hirn" (Esch und Möll 2005, S. 63) der Konsumenten zielen und damit „wesentlich durch Gefühle, Emotionen, Bilder und andere nonverbale Eindrücke geprägt" (Esch und Möll 2005) sind.

Gleichzeitig sind die „Steigerung der Markenbekanntheit oder die Verbesserung des Images" (Aßmann und Röbbeln 2013, S. 157) meistens die Hauptgründe, um sich eine Social-Media-Präsenz aufzubauen. Der Begriff Marke und dessen Auffassung übernimmt also eine zentrale Rolle im Bereich des SMM. Ein grundlegendes Verständnis einiger Teilgebiete der *modernen Markenführung,* welche insbesondere durch Esch (2005) geprägt wurde, ist demnach für das Verständnis von Marketing in den sozialen Medien von besonderer Wichtigkeit.

2.1 Markenidentität

Domizlaff benannte 1939 die Zusammenhänge der menschlichen und markenbezogenen Identität und erklärte, dass Marken, ähnlich wie Menschen, über einzigartige Gesichter verfügen würden (Esch und Möll 2005, S. 105). Darauf folgten verschiedene „personale Identitätsforschungen" (Esch und Möll 2005, S. 105). Diese führen zu drei Merkmalen der Markenidentität:

1. Eigenbild: Es bezeichnet das aus der Reflexion entstehende subjektive Bild der Markenidentität, das die Manager und Mitarbeiter von ihrer Marke haben.

© Springer Fachmedien Wiesbaden 2016
M. Faßmann und C. Moss, *Instagram als Marketing-Kanal,* essentials,
DOI 10.1007/978-3-658-14349-7_2

2. Identitätsreflektierende Eigenschaften: Hierunter versteht man die zeitlich stabilen und i. d. R. sichtbaren Artefakte einer Marke, durch welche die Markenidentität für die Adressaten wahrnehmbar wird. Durch die persönliche Kommunikation und die Massenkommunikation kommen die Zielgruppen mit den identitätsreflektierenden Merkmalen einer Marke in Kontakt. So kommt die Markenidentität bspw. in der Gestaltung des Corporate Design, der Unternehmensgebäude, der Verkaufsräume, der Verpackungen, dem Verhalten der Mitarbeiter, der Werbung etc. zum Ausdruck.

3. Fremdbild: Das Fremdbild beschreibt das Bild, das sich bei den externen Zielgruppen einer Marke durch die Wahrnehmung der identitätsreflektierenden Eigenschaften einer Marke einstellt. Es entsteht über entsprechende Lernprozesse durch alle Kontakte und Erfahrungen mit einer Marke (Esch und Möll 2005, S. 105 ff.).

Demnach spiegelt die Markenidentität die wesensprägenden Eigenschaften einer Marke wider, für „welche die Marke zunächst nach innen und später auch nach außen steht bzw. zukünftig stehen soll" (Burmann und Markgraf 2015b). Daher kann man die Markenidentität als Grundlage einer Marke bezeichnen. Sie stellt den Ansatzpunkt aller Überlegungen bezüglich der Marke dar und „reflektiert somit alle strategischen Vorstellungen eines Unternehmens zur grundlegenden inhaltlichen Ausrichtung einer Marke" (Esch und Möll 2005, S. 106).

2.2 Markenpositionierung

Die Markenpositionierung definiert sich über klare Vorstellungen und Bilder seitens der Kunden gegenüber einer Marke (Esch 2005, S. 134). Gleichzeitig sollte sie eine Marke aber auch auf das Wesentliche fokussieren. Bereits durch einen kurzen und präzisen Satz müssen die Vorteile gegenüber Wettbewerbern ersichtlich sein, damit die Marke sich von der Konkurrenz abgrenzt und von den Konsumenten bevorzugt wird (Esch. The Brand Consultants 2015).

Deshalb ist die Markenpositionierung der zentrale Ausgangspunkt der „verhaltenswissenschaftlich orientierten Strategieformulierung" (Esch 2005, S. 133). Die definierten Positionierungseigenschaften müssen dabei mit den Bedürfnissen der Kunden abgestimmt sein, da eine Abgrenzung der Marke zur Konkurrenz nur „in der subjektiven Wahrnehmung der Konsumenten ein eigenständiges und unverwechselbares Profil gewinnt" (Esch 2005, S. 133). Demnach handelt es sich bei der Positionierung „um den Aufbau spezifischer und bedürfnisrelevanter Gedächtnisinhalte für Marken" (Esch 2005, S. 134). Im Gegensatz zur Produktpositionierung richten sich die anderen Marketing-Instrumente

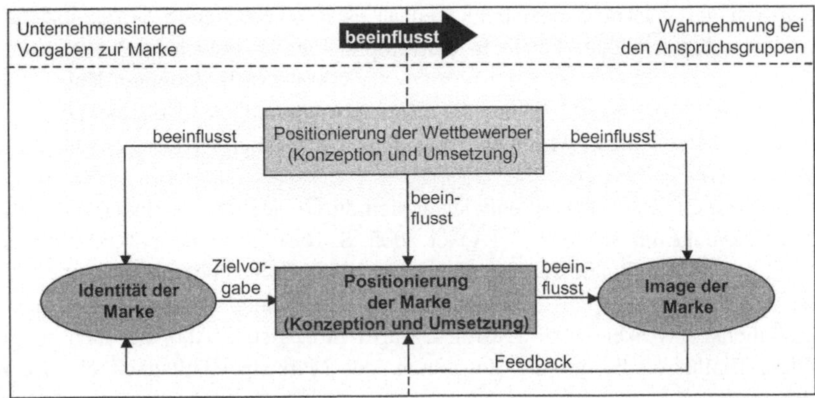

Abb. 2.1 Zusammenhang zwischen Markenidentität, Positionierung der Marke und Marken-Image. (Esch 2005, S. 107)

„Kommunikations-, Distributions-, Service- und Preispolitik" (Burmann und Markgraf 2015a) an der Markenpositionierung aus (Esch. The Brand Consultants 2015).

Abb. 2.1 verdeutlicht den Zusammenhang zwischen der Identität der Marke (Eigenbild), der Positionierung und dem Image der Marke (Fremdbild) und setzt diese unter Berücksichtigung der Positionierung der Wettbewerber in einen Kontext.

2.3 Markenpersönlichkeit

Nach Aaker wird die Markenpersönlichkeit als die „Gesamtheit menschlicher Eigenschaften bezeichnet, die mit einer Marke verbunden sind" (2005, S. 168). Somit übernimmt sie eine Zusatznutzenfunktion, neben den Attributen, die auf das Produkt bezogen sind. Letztere übernehmen rein nutzengeprägte Funktionen für die Konsumenten.

Verbraucher geben Marken oft menschliche Persönlichkeitszüge, wodurch der genannte Zusatznutzen entsteht. Aufgrund dieser Eigenschaft haben bereits mehrere Unternehmen ihren Marken eine eigene Persönlichkeit verliehen. Beispiele dafür sind Meister Proper, Spee oder auch M&M's (Aaker 2005, S. 168).

Durch diese Markenpersönlichkeiten ist es möglich, stabile und langandauernde Persönlichkeitsmerkmale in den Köpfen der Verbraucher, also im Marken-Image (Fremdbild), zu verankern (Aaker 2005). Nach Hermann, Huber und Braunstein (2005, S. 193 ff.) ist die Markenpersönlichkeit also eine Determinante des Marken-Image (Fremdbild), welche die weichen Faktoren des letzteren symbolisiert.

Die Markenpersönlichkeit entwickelt sich durch „jeglichen direkten und indirekten Kontakt mit der Marke" (Aaker 2005, S. 168). Demnach prägen auch die Persönlichkeitsmerkmale der repräsentativen Markenkonsumenten, der Angestellten, die des Vorstands, des Unternehmens und der Markenanhänger die Markenpersönlichkeit (Aaker 2005, S. 169). Darüber hinaus stellt Abb. 2.2 noch einige andere Einflüsse, die auf die Entstehung der Markenpersönlichkeit einwirken können, dar.

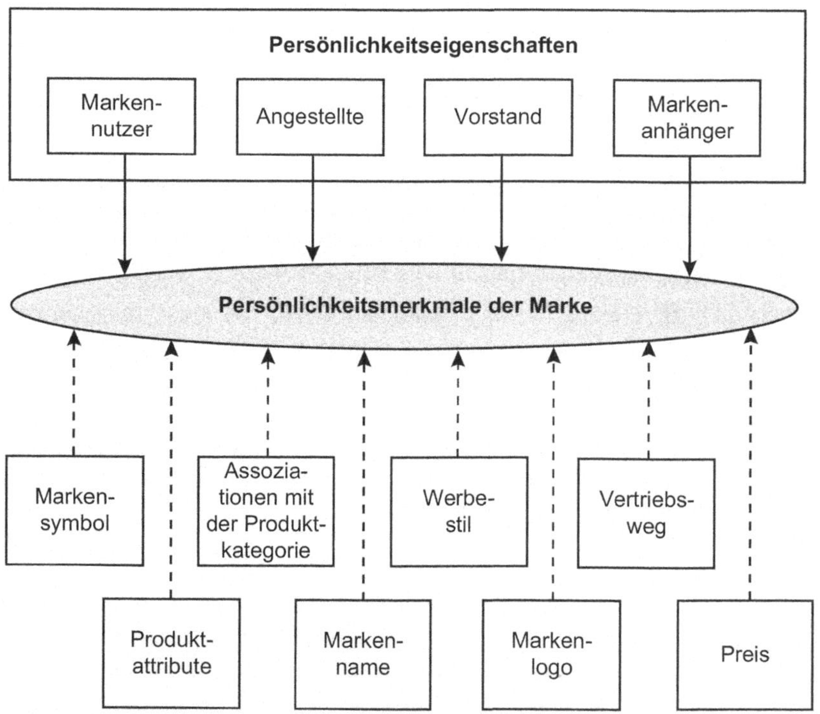

Abb. 2.2 Entstehung einer Markenpersönlichkeit. (Aaker 2005, S. 169)

2.4   Markenbeziehung

In der Entwicklung von Werbung und ihrer Messbarkeit galten meist die größten Mühen der Erforschung des Marken-Image und der Markenpersönlichkeit. Zwar entstehen diese Determinanten durch die Wechselwirkung der Identität und dem Image einer Marke (vgl. Abb. 2.1), trotzdem spiegelt sie nicht die gesamte Markenbeziehung mit dem Konsumenten wieder (Blackston 1993).

Die Marke ist auf Basis des Marken-Image und der Markenpersönlichkeit lediglich ein Objekt der Konsumenteneinstellung. Demnach ist erst durch die Analyse der Markenbeziehung die vollständige Interaktion von Marke und Konsument abgedeckt (Blackston 1993).

Dieser Behauptung folgend ist es also wichtig, eine Marke nicht als „passives Objekt von Marketingtransaktionen zu betrachten, sondern als aktiven Teilnehmer am Aufbau einer Beziehung" (Fournier 2005, S. 213). Blackston definiert das Konzept der Markenbeziehung wie folgt: „The relationship concept is defined as the interaction between consumers' attitudes towards the brand and the brand's ‚attitudes' toward the consumer" (1993, S. 113). Soll eine Marke also als Beziehungspartner gelten, muss sie sich auch wie ein interagierender Teil einer Beziehung verhalten. „Interaktiv und wahrnehmbar durchgeführte Marketingkommunikation qualifiziert die Marke als reziproken Partner" (Fournier 2005, S. 214).

Nach Fournier kann man alle Marketing-Aktionen als ein „Bündel von Verhaltensweisen" (2005, S. 214) ansehen, die es erlauben, Schlüsse über die Markeneigenschaften zu ziehen. Dadurch wird wiederum die Persönlichkeit der Marke immer wieder aktualisiert. Die Entscheidungen im Marketing-Mix stellen demnach dieses „Bündel von Verhaltensweisen" (Fournier 2005, S. 214) dar. So kann „eine Theorie zum Aufbau einer Markenbeziehung entwickelt werden" (Fournier 2005, S. 214), wenn man das „Markenverhalten in den Mittelpunkt stellt" (Fournier 2005, S. 214).

2.5   Markenbilder

Markenbilder sind „äußeres Kennzeichen für alles Wesentliche, was zur Marke gehört, und sie sind dafür verantwortlich, dass die Marke zur Kenntnis genommen und im Kopf des Konsumenten verankert wird" (Ruge 2005, S. 241). Zurzeit sind Markenbilder unter „(Low-Involvement-)Kommunikationsbedingungen" (Ruge 2005, S. 241) immens wichtig geworden.

Markenbilder oder auch Markengesichter bieten die Möglichkeit der Identifizierung, Vertrautheit und Erinnerung einer Marke. Ein Bild von einer Marke zu haben, bedeutet, konkrete Vorstellungen bzw. innere Bilder mit einer Marke zu verbinden. Und unter „inneren Bildern versteht man konkrete, bildliche und quasi-sensorische Vorstellungen, die auf einem anderen Gedächtniscode als verbale Informationen basieren" (Ruge 2005, S. 242). Diese Annahme beruht auf der Theorie der dualen Kodierung, welche von Allan Palvio im Jahr 1986 vorgestellt wurde. Sie besagt, „daß die Gedächtnisrepräsentation von Wort- bzw. Objektinformation auf getrennten verbalen und imaginalen Kodierungssystemen beruht" (Lexikon online 2015). Entscheidend dabei ist, dass innere Bilder anders gespeichert werden als sprachliche Informationen und dabei eine andere Wirkung haben (Ruge 2005, S. 242). So können innere Bilder „in ihrer Farbigkeit, Intensität und Emotionalität so empfunden werden wie reale Bilder" (Ruge 2005, S. 242).

Die Bedeutung der inneren Bilder für das Marketing lässt sich in vier Punkten festhalten:

- Bilder entfalten besonders starke emotionale Wirkungen, weil sie die Wirklichkeit lebendiger, farbiger und realitätsnäher abbilden als Worte. Sie sind deshalb ideale Mittel zum Aufbau emotionaler Erlebniswelten.
- Innere Bilder sind im Gedächtnis besser verankert und leichter sowie schneller abzurufen als verbale Informationen: Bilder werden besser behalten und stehen bei Bedarf spontaner zur Verfügung.
- Entstehung und Abruf innerer Bilder unterliegen – wie alle Prozesse der rechten Hemisphäre – geringer kognitiver Kontrolle. Bilder werden nicht so kritisch hinterfragt. Logisch widersprüchliche Botschaften (wie z. B. der Einklang von bester körperlicher Verfassung und starkem Rauchen in der früheren Camel-Werbung) können über Bilder – aber nicht verbal – kommuniziert werden ohne Reaktanz auszulösen.
- Innere Bilder sind in der Lage, weitere gespeicherte Informationen zu aktivieren. Das ergibt sich aus der Verbindung von Sprach- und Bildgedächtnis. Sie eignen sich damit als effektives und diskretes Vehikel für Informationen, die das Konsumentenverhalten beeinflussen (Ruge 2005, S. 244).

Marken, die es schaffen, lebendige, positive innere Bilder in den Köpfen der Kunden zu verankern, haben demnach besonders großen Einfluss auf das Konsumentenverhalten (Ruge 2005, S. 244).

2.6 Markenerlebniswelt

Durch die überaus gesättigten Märkte sind Produkte austauschbar geworden. Marken können nur noch dann überleben, wenn sie sich langfristig positiv in den Köpfen der Konsumenten verankern. Eines der wichtigsten Kaufkriterien ist daher die „Erlebnisqualität einer Marke" (Weinberg und Diehl 2001, S. 265), welche die „Marktkommunikation der Zukunft" (Weinberg und Diehl 2001, S. 265) beeinflusst.

Individuen der Wohlstandsgesellschaft tendieren dazu, sich in immer umfassenderen Bereichen auf emotionaler Ebene selbst zu verwirklichen. Dadurch wird der Erlebniskonsum „zu einer willkommenen Gelegenheit […] für emotionales Empfinden und Geborgenheit in einer eigenen Welt" (Weinberg und Diehl 2001, S. 265). Erfolgreiche Marken sind dementsprechend in der Lage, aktuelle Wertetrends zu identifizieren, „sodass sie dem Nachfrager bei der Realisierung bestimmter Wertetrends Hilfestellung leisten" (Weinberg und Diehl 2001, S. 265) können. Markenerlebniswelten sind nach diesem Verständnis keine realen Orte, sondern werden vielmehr „als Ergebnis der Gesamteindrücke der vermittelten Erlebnisse mit der Marke verstanden" (Kaminski 2009, S. 110).

Weinberg und Diehl definieren den Begriff wie folgt:

> Unter einem Erlebnis versteht man den subjektiv wahrgenommenen, durch das Produkt und die marketingpolitische Maßnahme vermittelten Beitrag zur Lebensqualität der Konsumenten. Durch Marken sollen sinnliche Erlebnisse in der Gefühls- und Erfahrungswelt der Konsumenten verankert werden und einen realen Beitrag zur Lebensqualität leisten. Der Gesamteindruck der vermittelten Erlebnisse ergibt die Erlebniswelt (2005, S. 267).

Durch Markenerlebniswelten (vgl. Abb. 2.3) ist es möglich, die emotionalen Konsumentenbindungen zu verstärken und darüber hinaus weitere Präferenzen zu bilden (Weinberg und Diehl 2005, S. 267; Kaminski 2009, S. 110).

Nach dem Kriterium der Reichweite lassen sich Erlebnisse nach Weinberg und Diehl in drei Kategorien einteilen:

- kulturübergreifend wirkende Erlebnisse (archetypische Erlebnisse; emotionale Erlebnisse, wie das Kindchenschema; länderspezifische, länderübergreifend wirkende Erlebnisse, wie das Mittelmeerschema),
- kulturspezifische Erlebnisse (Märchen, Mythen, Fabeln; traditionelle und nostalgische Erlebnisse; kulturspezifische Feste, wie das Münchner Oktoberfest),
- und subkulturelle oder zielgruppenspezifische Erlebnisse (Lifestyles; Trends; Hobbys) (2005, S. 269)

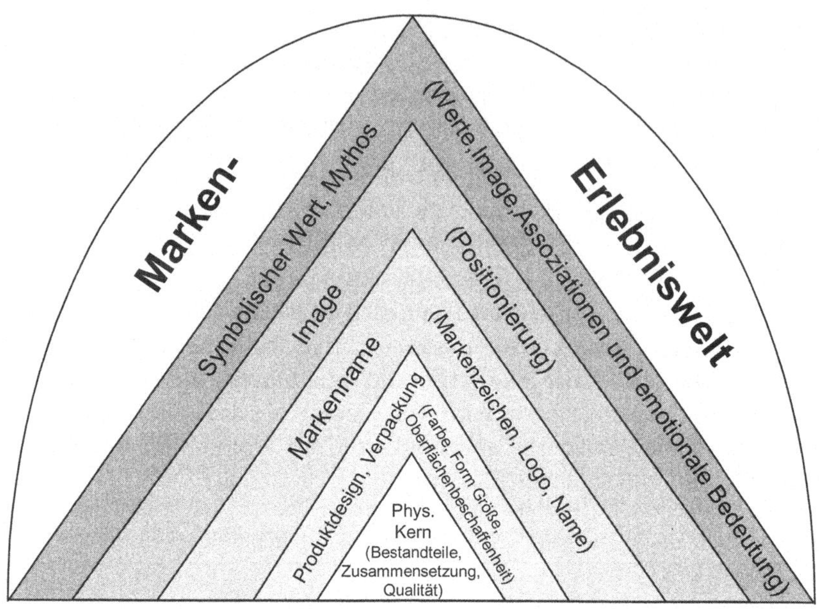

Abb. 2.3 Markenerlebnispyramide. (Weinberg und Diehl 2005, S. 271)

2.7 Markenästhetik

Die rasant fortschreitende Entwicklung der Technologie des Internets schafft eine virtuelle Realität, in der sich die Kommunikationsmöglichkeiten mit dem Kunden fortlaufend verändern. Vor allem haben sich aber die Kommunikationsbedingungen geändert. Nach Schmitt und Simonson hat deshalb ein Paradigmenwechsel vom „Branding zur Ästhetik" (2005, S. 312) stattgefunden. Im Branding spielen Determinanten wie „Produkteigenschaften und Produktnutzen, Markennamen und Markenassoziationen" (Schmitt und Simonson 2005, S. 313) die zentrale Rolle. Diese allein genügen aber in einer Zeit „unablässiger, intensiver Kommunikationsflüsse, die auf zahlreichen Medien und interaktiven und sensorisch orientierten Multimedia-Werkzeugen beruhen" (Schmitt und Simonson 2005, S. 313) nicht mehr aus, um das Interesse an einer Marke zu wecken. Es sind „sensorische Erlebnisse, die mit der Positionierung der Firma, des Produkts oder des Kundendienstes in Einklang stehen" (Schmitt und Simonson 2005, S. 313) von Nöten, um den Konsumenten dauerhaft binden zu können. So verliert das „Konzept des

Branding" (Schmitt und Simonson 2005, S. 313) immer mehr seine Bedeutung und „wird vom Marketing sensorischer Erfahrungen abgelöst, d.h. vom Marketing der Ästhetik" (Schmitt und Simonson 2005, S. 313).

Abb. 2.4 zeigt, in welche drei Bereiche Marketing-Ästhetik nach Schmitt und Simonson (2005) aufgeteilt ist. Jeder Unterpunkt ist dabei zweigeteilt. Die *Funktion* im *Produkt- und Graphikdesign* repräsentiert „den Nutzen oder die zweckorientierte Eigenschaft eines Produktes oder einer Dienstleistung" (Schmitt und Simonson 2005, S. 314). Die *Form* bezieht sich hingegen auf die Verpackung.

Ähnlich verhält es sich auch beim Unterpunkt *Kommunikation*. Während die *zentrale Botschaft* die wichtigsten Argumente übermittelt, konzentriert sich die *periphere Botschaft* auf Randelemente. Diese können beispielsweise die „Attraktivität des Kommunikators, die Farbe des Raums, in dem die Botschaft übermittelt wird, oder die Musik, die die Präsentation untermalt" (Schmitt und Simonson, 2005, S. 315) sein.

Die *räumliche Gestaltung* unterscheidet sich in der Struktur und der Symbolik. Unter Struktur versteht man, „wie Menschen auf einer praktischen Ebene mit ihrer Umgebung interagieren" (Schmitt und Simonson 2005, S. 315). Darunter fällt beispielsweise die Anzahl von Stockwerken eines Gebäudes. Die Symbolik hingegen repräsentiert die „nicht funktionellen, erlebnisorientierten Aspekte des Raums" (Schmitt und Simonson 2005, S. 315).

Markenästhetik bringt Vorteile mit sich. Einige davon lassen sich auf den Bereich Social Media übertragen. Diese sind im Nachfolgenden aufgelistet.

Markenästhetik schafft zum einen Loyalität, da „immaterielle Werte, wie Erlebnisse, zu den grundlegenden Verkaufsvorteilen" (Schmitt und Simonson

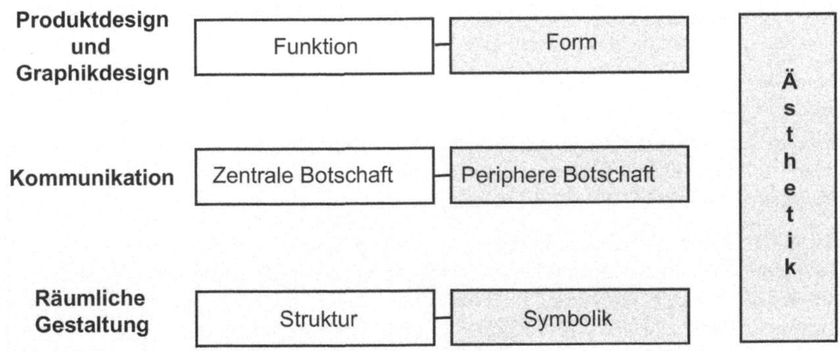

Abb. 2.4 Bereiche der Marketing-Ästhetik. (Schmitt und Simonson 2005, S. 314)

2005, S. 315) gehören. Ästhetik rechtfertigt aber auch höhere Preise. Besondere Erfahrungen, die vom Kunden wahrgenommen werden, bieten einen Mehrwert, den sich Unternehmen bezahlen lassen können. Ebenso besteht die Möglichkeit, Informationsblockaden durch Ästhetik zu durchbrechen, da sie „auf einer unterscheidungskräftigen Symbolik, die das Unternehmen kennzeichnet und auf das Unternehmen verweist" (Schmitt und Simonson 2005, S. 316), basiert. So erhöht sich die Wahrscheinlichkeit, dass Marken in der heutigen Informationsflut im Gedächtnis bleiben (Schmitt und Simonson 2005).

Instagram als Marketing-Kanal 3

„Bilder sind in der Lage ganze Botschaften zu transportieren und selbst komplizierte Sachverhalte einfach darzustellen" (Pein 2014, S. 400). Gemessen an Facebook erhöhen Bilder die Interaktion „zwischen 120 und 180 Prozent" (Pein 2014, S. 400), was den allgemeinen Trend für Bildwelten in Social-Media-Kanälen erklärt. Das war eine gute Grundlage für die im Oktober des Jahres 2010 gestartete Foto- und Videosharing Community Instagram. Der Fokus lag und liegt klar auf dem Posten von Fotomaterial. Anfangs war die App lediglich auf dem Smartphone verfügbar – insbesondere nur auf dem iPhone. Die Android-Version wurde erst wesentlich später im April 2012 veröffentlicht. Kurze Zeit danach gab Facebook bekannt, dass Instagram für eine Milliarde US-Dollar aufgekauft wurde (Pein 2014; Aßmann und Röbbeln 2013). Die Nutzeranzahl von Instagram stieg so immens, dass es selbst „das Wachstum von Facebook und Twitter in den Schatten" (Aßmann und Röbbeln 2013, S. 26) stellte. Lag die User-Zahl Anfang 2012 noch bei 15 Mio. Usern, wurde im Februar 2013 bekannt gegeben, dass die Anzahl der Nutzer auf über 100 Mio. angestiegen sei (Aßmann und Röbbeln 2013).

Instagram ist folglich eine etablierte Social-Media-Plattform. Was Instagram ist, was es zu einem Marketing Tool macht und welche Bedeutung es als solches hat, wird im Folgenden beschrieben.

3.1 Die grundlegenden Strukturen von Instagram

Instagram ist eine auf das Wesentliche reduzierte Foto- und Videosharing App (Blumberg 2013). Das Unternehmen beschreibt die Applikation wie folgt: „Instagram ist eine kostenlose und einfache Möglichkeit, dein Leben mit anderen zu teilen und auf dem Laufenden zu bleiben" (Instagram 2015c).

© Springer Fachmedien Wiesbaden 2016
M. Faßmann und C. Moss, *Instagram als Marketing-Kanal,* essentials,
DOI 10.1007/978-3-658-14349-7_3

Eine Mitgliedschaft ist zur Nutzung der Foto- und Videosharing Community Pflicht (Pein 2014). Als Mitglied hat man die Möglichkeit, Fotos und Videos entweder mit dem Smartphone aufzunehmen oder aber aus der Galerie dessen in die App zu laden und mit Filtern und Kreativwerkzeugen zu bearbeiten (Blumberg 2013; Pettauer 2015). So entstehen auch aus weniger qualitativ hochwertigen Aufnahmen (wie jene von Smartphones) „ansehnliche Bilder" (Pein 2014, S. 401). Neben dem Einstellen von eigenen Inhalten lebt Instagram als Community vom Kommentieren, dem Liken der Inhalte und dem Folgen bzw. Abonnieren anderer Nutzer oder Unternehmen (Pein 2014). Instagram war anfangs eine reine Mobil-Applikation. Erst 2012 wurden die Webprofile eingeführt, auf denen man mittlerweile, nach einem Update im Juni 2015, auch nach Personen, Orten oder Hashtags suchen und Beiträge kommentieren und liken kann (Bergert 2015). Anfang August 2015 gab Instagram bekannt, dass es sein Advertising-Application-Programming-Interface (API) freigeschaltet hat. Dadurch ist es jetzt auch fernab vom Smartphone möglich, Beiträge vorzubereiten und zu planen (Kroll 2015a).

Instagram fokussiert sich klar auf Bildinhalte. So darf der optionale Beschreibungstext maximal 2200 Zeichen lang sein und nur bis zu 30 Hashtags beinhalten. Links in der erwähnten Beschreibung der Bilder werden nur als Text angezeigt, nicht aber als Hyperlinks (Pettauer 2015). Hashtags dienen dazu, die Instagram Botschaft mit Schlagworten zu versehen, damit sie andere Nutzer dadurch finden können. Seit Mai 2013 ermöglicht Instagram außerdem das Markieren von Nutzern bzw. Accounts auf Bildern (Pein 2014, S. 402). Im April 2015 veröffentlichte Instagram ein weiteres Update, wodurch es nun möglich ist, Benachrichtigungen über neue Inhalte zu erhalten, sofern dies bei bestimmten Accounts gewünscht ist (Kroll 2015b). Ende August 2015 hat die Foto- und Videosharing Community die Limitierung auf quadratisch formatierte Fotos und Videos aufgehoben, sodass nun auch Quer- und Hochformate gepostet werden können (futurezone 2015).

In puncto Neuerungen zeigt sich, dass Instagram fortlaufend beobachtet werden muss, da in kurzen Zeitabständen viele Anpassungen und Updates veröffentlicht wurden und werden.

3.2   Instagram als Marketing Tool

„Instagram verteilt Bilder – aber keine Links" (futurebiz 2015a). Beiträge haben nur in der browserbasierten Form von Instagram eine URL. Es ist kein Teilen von verlinkten Bildern möglich. Eine hohe Reichweite bei Instagram führt bisher nicht zu einer höheren Besucherzahl einer Webseite, auf der man seine Produkte verkauft (futurebiz 2015a). Vielmehr liegt der Vorteil für ein Unternehmen oder einer Marke in der Stützung des „Markenimage oder der Verlängerung von Kampagnen" (futurebiz 2015a). Instagram ist eine Social-Media-Plattform, auf der Personen und Emotionen im Fokus liegen (futurebiz 2015b). „Marken haben dann Erfolg, wenn sie wie Personen agieren" (Bersch 2015). Alles andere wird „als störend empfunden" (Bersch 2015). Allerdings müssen die Inhalte „unterhaltende und spannende Markenerlebnisse schaffen" (Bersch 2015). Deshalb ist neben der Qualität das *Storytelling* von besonderer Wichtigkeit (Reinartz 2015a).

Storytelling

Beim Storytelling sind Werbebotschaften in eine Geschichte integriert, damit Kunden und potenzielle Kunden vor allem emotional erreicht werden (coseed 2015). Geschichten „berühren den Leser, lösen Emotionen aus und [sic!] blieben auf diese Art im Gedächtnis" (Hilker 2013b). Es handelt sich um nachhaltige Kommunikation, da für das Gehirn „laut Neuromarketing nur Geschichten relevant" (Hilker 2013b) sind und eben keine Aufzählungen von Produktvorteilen.

Ein prominentes Beispiel ist der im Juli 2015 von Beats by Dr. Dre präsentierte Werbeclip mit dem Fußballprofi Bastian Schweinsteiger. Dieser gab kurz vor Veröffentlichung des Videos seinen Wechsel vom deutschen Fußballverein FC Bayern München, bei dem er 17 Jahre lang spielte, zum englischen Fußballklub Manchester United bekannt. In der Werbung ist zu sehen, wie Schweinsteiger seine Reisetasche packt. Im Hintergrund diskutieren der Fernsehmoderator Sebastian Hellmann und der Fußballkommentator Wolff-Christoph Fuss über die Gründe für den Wechsel des Fußballprofis.

Dieser hinterlässt einen Brief und steigt dann in eine schwarze Limousine ein, in der er letztlich seine Beats by Dr. Dre Kopfhörer aufsetzt, woraufhin der Song *So wie du bist* von Motrip feat. Lary einsetzt. Dann erscheint der Schriftzug *An deiner Seite* und die Präsentation der Beats by Dr. Dre Solo2 Wireless Kopfhörer Serie setzt ein (Scholz 2015; Youtube 2015). Auf Instagram wurde die Kampagne ebenfalls mit einem Foto und dem dazu passenden Hashtag unterstützt und verlängert (vgl. Abb. 3.1).

In etwas mehr als zwei Wochen kam das Video so auf fast sechs Millionen Aufrufe bei YouTube und wurde dort von mehr als 13.000 Menschen positiv bewertet. Gleichzeitig gaben mehr als 42.700 Instagram-Nutzer dem Beitrag auf Instagram eine *Gefällt-mir-Angabe*.

Abb. 3.1 Screenshot von der „Beats by Dr. Dre"-Kampagne „An deiner Seite" mit Bastian Schweinsteiger im Webprofil von Instagram. (Instagram 2015b)

Content Marketing

Reinartz ordnet das Storytelling dem *Content Marketing* zu, welches im Jahr 2015 „einer der wichtigsten Faktoren im Online-Marketing" (2015a) gewesen sei. Content Marketing ist dafür verantwortlich, Inhalte hervorzubringen, die den Nutzer unterhalten und informieren. Es ist somit ein „Gegenentwurf zu frontaler Werbung" (Reinartz 2015b). Das eigene Unternehmen, die Marke oder die Produkte werden bei dieser Form nicht direkt angepriesen, sondern man geht einen „indirekten Weg, der auf Nachhaltigkeit und Vertrauensaufbau setzt" (Reinartz 2015b). Es handelt sich dabei nicht nur um einen anderen Stil in der Kommunikation. Es ist vielmehr auch eine „serviceorientierte Denkweise" (Reinartz 2015b).

Mit diesem Ansatz kann beispielsweise ein Reiseportal eine Fotoreportage über ein beliebtes Urlaubsziel auf Instagram präsentieren. Dem potenziellen Kunden wird in Form von Bildern eine Geschichte erzählt. Dabei handelt es sich um visuelles Storytelling. Dies führt bei einem interessierten Nutzer nicht automatisch zu der Buchung einer Reise. Trotzdem ist es für jemanden, der gerne verreist ansprechend und befriedigt das Verlangen nach Impressionen und Emotionen, die durch das Sehen anderer Länder und Kulturen ausgelöst werden. Außerdem inspiriert es und hilft ihm zusätzlich bei der Wahl des nächsten Reiseziels. Es werden Bedürfnisse befriedigt und der Nutzer nimmt das Reiseportal dadurch als kompetent wahr und baut „idealerweise Vertrauen" (Reinartz 2015b) auf. Das daraus resultierende positive Marken-Image erhöht die Wahrscheinlichkeit, dass eben jener Nutzer seine nächste Reise bei diesem Reiseportal bucht (Reinartz 2015b).

Influencer Marketing

Eine wirksame Möglichkeit, um eine große und qualitativ hochwertige Reichweite zu erlangen, bietet das *Influencer Marketing*. Es ist besonders bei Social-Media-Experten beliebt, da es „eine gezielte Resonanz bewirken kann" (Hilker 2013a). Marken suchen sich dabei passende, einflussreiche Individuen in der gewünschten Community, die dann ihre Leidenschaft zu jener Marke bekennen. Auf diesem Weg werden viele neue potenzielle Kunden erreicht, die gleichzeitig empfänglicher für eine neue Marke sind, da „sie bereits Vertrauen zum Influencer haben" (Hilker 2013a). Man kann dieses Modell also grundsätzlich mit dem Einsatz von *Testimonials* vergleichen. Influencer dienen, ähnlich wie Prominente, als Vorbilder, die eine Inspirationsquelle für ihre Follower sind (Hilker 2013a).

Ein Beispiel dafür war die Zusammenarbeit von Birchbox und der Lifestyle-Bloggerin Emily Schuman auf Instagram im Jahr 2015. Birchbox versendet individuelle Pakete, deren Inhalte aus verschiedenen Beauty-Produkten bestehen. Die Marke war auf einen Influencer angewiesen, der in einem ähnlichen Bereich tätig ist. Die Zielgruppen beider Parteien mussten zusammenpassen, damit die verbundenen Inhalte für die Follower beider Seiten interessant waren. Emily Schuman schreibt für ihr Lifestyle-Blog Cupcakes and Cashmere, wodurch sie zu diesem Zeitpunkt mehr als 260.000 Follower auf Instagram vorweisen konnte. Beide Parteien haben durch fünf gepostete Bilder auf Instagram ihre Zusammenarbeit publik gemacht und dabei mehr als 18.000 Likes und 550.000 Nutzer erreicht (Talbot 2015).

Anzeigen auf Instagram

Seit dem 20. April 2015 war es für bestimmte Unternehmen möglich, Werbeanzeigen auf Instagram zu schalten (Reinartz 2015c; construktiv 2015). Diese wurden den Usern nach Vorlieben oder aber demografischen Merkmalen angezeigt (Reinartz 2015c). Porsche, Volkswagen, Mercedes Benz, Zalando, Ben & Jerry's, Samsung Mobile, EDITED, DNGRS und REWE (Campillo-Lundbeck 2015; Reinartz 2015c; construktiv 2015) deckten damit die Branchen „Automobile, Mode-E-Commerce, Süßwaren, Elektronik, Fashion und

Lebensmitteleinzelhandel ab" (Reinartz 2015c). Seit September 2015 hat nun jedes Unternehmen jeglicher Größe die Möglichkeit, auf Instagram Anzeigen zu schalten – ab dem 30. September 2015 standen die Instagram-Ads außerdem weltweit zur Verfügung (Hutter 2015). Das Erlebnis der Nutzer soll sich durch die gesponsorten Inhalte aber nicht ändern. Die „Optik und Ansprache der Anzeigen" (construktiv 2015) soll gewährleistet sein, damit die übliche emotionale „Charakteristik des Netzwerks" (Reinartz 2015c) erhalten bleibt und die Anzeigen weniger angebots- und produktbezogen wirken (Reinartz 2015c; construktiv 2015). Die bezahlten Beiträge unterscheiden sich „optisch und inhaltlich" (Reinartz 2015c) nicht von den bisherigen Posts der Marken- bzw. Unternehmensprofile, da „allzu platte Werbung" (Campillo-Lundbeck 2015) von der Community abgestraft wird. Lediglich der Hinweis *gesponsort* in der oberen rechten Ecke deutet auf die geschaltete Werbung hin (Campillo-Lundbeck 2015).

Seit Juni 2015 ist von Instagram eine weitere Werbeform eingeführt worden, die *Carousel Ad*. Damit haben Werbetreibende nicht nur die Möglichkeit einzelne Bilder, sondern Bilderreihen zu veröffentlichen. Neben der Möglichkeit, das Storytelling dadurch weiter zu vertiefen, gibt es für Unternehmen auch die Möglichkeit, einen *Call to Action-Button* in die gesponsorte Anzeige zu integrieren. Mit diesem ist es möglich, den Nutzer auf die Website oder den Online Shop des Unternehmens weiter zu leiten (vgl. Abb. 3.2) (Instagram for Business 2015).

Abb. 3.2 Beispiel der Carousel Ad mit dem integrierten „Call to Action"-Button. (mediabeard 2015)

Seit Juni 2015 probiert Instagram, die *Call to Action-Buttons* auch in den Anzeigen mit nur einem Bild zu integrieren. Diese „direct-response formats" (Instagram for Business 2015) sollen zu „website visits and offline sales" (Instagram for Business 2015) für Unternehmen führen. Auf der Seite des User hätte diese Neuerung den Vorteil, dass jener direkt auf die Webseite, auf das Produkt oder aber den Download der App zugreifen kann (Instagram for Business 2015).

Anfang August 2015 gab Instagram außerdem bekannt, dass es sein Advertising-Application-Programming-Interface (API) freigeschaltet hat (Kroll 2015a). Damit können nun Dienstleister „im Auftrag ihrer Kunden Werbung auf Instagram schalten, diese automatisch starten lassen und die Performance analysieren" (Eckert 2015). Dabei nutzt die Foto- und Videosharing Community die gleichen Tools, „die auch Facebook beim Erstellen von Werbeanzeigen bietet" (Eckert 2015). Hinzukommt, dass Werbetreibende auf die bereits von Facebook analysierten Nutzerdaten zurückgreifen können, um effiziente und zielgerichtete Werbekampagnen auf Instagram zu starten (Eckert 2015).

Auch in puncto Werbestrategien und -möglichkeiten ist es wichtig, Instagram fortlaufend zu beobachten, da viele Neuerungen das bestehende Angebot erweitern und verändern.

3.3 Die Relevanz von Instagram als Marketing-Kanal

Instagram ist als Marketing-Instrument hinsichtlich mehrerer Faktoren als relevant zu bewerten. In diesem *essential* sind die drei bedeutendsten Punkte aufgelistet.

Der erste wichtige Faktor ist der steigende *prozentuale Besitz eines Smartphone oder Tablet* und die damit einhergehende ebenfalls *steigende Nutzung des mobilen Internets* (Huawei Technologies Deutschland GmbH & Initiative D21 e. V. 2014). Instagram kam 2010 als reine Smartphone-Applikation auf den Markt (Aßmann und Röbbeln 2013; Pein 2014). Zwar ist es mittlerweile möglich, über den Browser die Inhalte abzurufen, dennoch ist die aktive Teilnahme an der Community durch das Erstellen eigener Beiträge nur über die installierte App auf dem Smartphone oder Tablet möglich (Pettauer 2015). Der Besitz eines Smartphones oder Tablets und die damit einhergehende mobile Internetnutzung sind daher maßgebend für die Verwendung von Instagram.

Der Besitz des Smartphone in Deutschland stieg von 24 % im Jahr 2012 auf 58 % im Jahr 2014. Ähnliche Werte ergaben sich bei der Untersuchung von Tablets. Der Besitz stieg von fünf Prozent im Jahr 2012 auf 26 % im Jahr 2014. Als Folge dessen ist auch die Nutzung des mobilen Internets gestiegen, welches im Jahr 2012 von 27 % und im Jahr 2014 bereits von 58 % der Deutschen genutzt wurde (Huawei Technologies Deutschland GmbH & Initiative D21 e. V. 2014).

Eine andere Studie beweist, wie relevant Instagram auf dem Smartphone für Studenten ist. In der Nomophobie Studie von Ambs und Schmied (2014) wurden 1672 Studenten befragt, welche kommunikativen Apps sie regelmäßig auf ihrem Smartphone benutzen würden. 30,5 % gaben an, Instagram regelmäßig zu nutzen. Davor lagen nur Facebook (84,1 %) und der Messenger Whatsapp (95,1 %). Außerdem ist ein klares Wachstum erkennbar, da im Jahr 2012 nur 20,7 % von 1527 befragten Studenten Instagram regelmäßig nutzten.

Der zweite wichtige Faktor ist der *Nutzerzuwachs,* den Instagram in den vergangenen Jahren weltweit verzeichnete. Konnte Instagram im Jahr 2012 eine aktive Nutzeranzahl von 15 Mio. Usern vorweisen, stieg diese Zahl bis Februar 2013 auf 100 Mio. Nutzer an (Aßmann und Röbbeln 2013, S. 26). Diese Tendenz setzte sich kontinuierlich fort, sodass Instagram im September 2015 offiziell bekannt gab, dass es die 400 Mio. Nutzergrenze überschritten hätte (vgl. Abb. 3.3).

Anfang 2016 werden täglich 3,5 Mrd. Likes vergeben und 80 Mio. neue Fotos hochgeladen. Insgesamt verzeichnet Instagram deshalb mehr als 40 Mrd. hochgeladene Fotos (Instagram 2016). Die Foto- und Videosharing Community ist aufgrund der hohen und immer noch steigenden User-Zahlen als Marketing-Kanal bedeutend wichtig (Reinartz 2015a). Vor allem für den Aufbau von jungen Zielgruppen eignet es sich besonders, denn 41 % der weltweit aktiven Nutzer sind zwischen 16 und 24 und 35 % sind hingegen zwischen 25 und 35 Jahre alt. Beide Altersgruppen zusammen machen demnach 76 % aller Nutzer aus (Mander 2014). Deutschland kommt dabei auf neun Millionen Instagram-Nutzer (Firsching 2016).

Der dritte bedeutende Faktor beruht auf dem *wachsenden Verständnis auf Seiten der Unternehmen und Marken,* Instagram als Marketing-Kanal zu verstehen und zu verwenden. Im dritten Quartal des Jahres 2013 nutzten 71 % der von Interbrand als die hundert wertvollsten bewerteten Marken die Foto-Community (Hitz 2015; Interbrand 2014). Ein Jahr später waren es bereits 86 % (Schober 2015; Hitz 2015). Zum gleichen Zeitpunkt stieg die Anzahl an Marken mit mehr als 100.000 Abonnenten um 223 % (Hitz 2015).

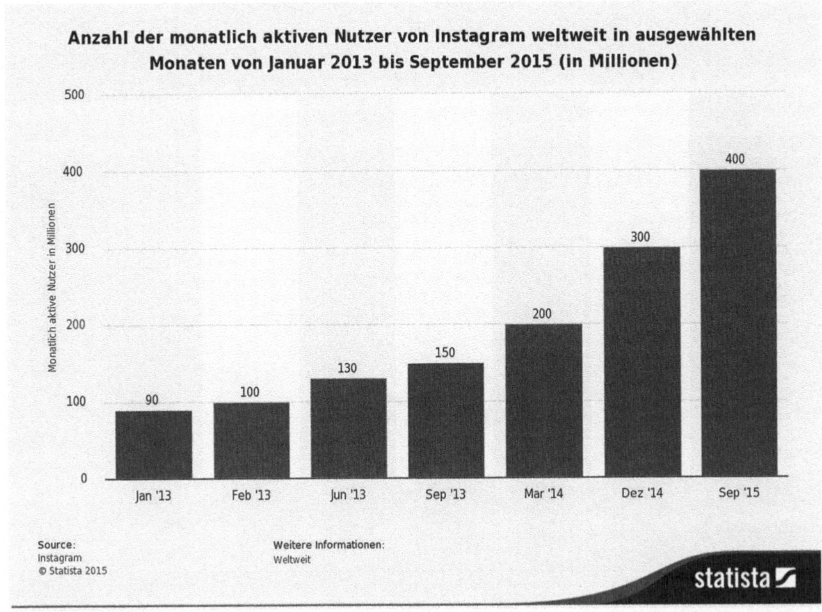

Abb. 3.3 Anzahl der monatlich aktiven Nutzer von Instagram in ausgewählten Monaten
von Januar 2013 bis September 2015 (in Millionen). (Instagram 2015d)

Alle drei Faktoren zeigen folglich ein kontinuierliches Wachstum der Foto-
Community auf. Die Relevanz von Instagram als Marketing-Kanal ist nicht nur
gegeben, sondern steigt stetig in Verbindung mit der wachsenden User-Zahl und
der wachsenden Nutzung durch Unternehmen.

Charakterisierung und Positionierung der Social-Media-Plattformen

4

4.1 Der Untersuchungsvorgang

Die Ergebnisse in diesem *essential* sind auf Basis qualitativer Forschungsmethoden gewonnen worden, da es sich bei dem Untersuchungsgegenstand um ein sehr junges Forschungsgebiet handelt, zu welchem kaum bis gar keine Theorien oder Erkenntnisse vorlagen. Zum einen wurden Gruppendiskussionen bzw. Fokusgruppen durchgeführt, welche durch schriftliche offene Befragungen ergänzt worden sind. Während bei der qualitativen Forschung „gezielt nach theoretischer Ergiebigkeit des Falls" (Flick 2009, S. 26) ausgewählt wird, orientiert sich die quantitative Forschung an statistischer Repräsentativität. Dabei ist die Datenerhebung standardisiert, während sie bei qualitativen Untersuchungen offen gestaltet ist. Folglich ist diese Art der Datenauswertung interpretierend und nicht, wie bei der quantitativen Forschung, statistischer Natur (Flick 2009, S. 25). Letztlich war das Ziel aus einem sehr jungen Forschungsgegenstand Theorien abzuleiten und darauf aufbauend eigene Thesen formulieren zu können. Nachfolgend werden die Ziele und Aufbauten der Forschungsmethoden kurz erklärt:

Fokusgruppen
Das Ziel der Gruppendiskussion ist die Informationsgewinnung (Hussy et al. 2010, S. 221 ff.). Sie stellt eine Alternative zum Interview dar (Flick 2009, S. 122 ff.). Dabei sind weniger die individuellen Aussagen der einzelnen Teilnehmer, als vielmehr „die kollektive Meinung" (Hussy et al. 2010, S. 221) der gesamten Gruppe von Bedeutung. In diesen Diskussionen lässt sich nachvollziehen, „wie Einstellungen und Bewertungen zustande kommen und sich verändern und dass im Zuge der Diskussion die Teilnehmer mehr und Weitergehendes äußern als im Einzelinterview" (Flick 2009, S. 122). Gleichzeitig

© Springer Fachmedien Wiesbaden 2016
M. Faßmann und C. Moss, *Instagram als Marketing-Kanal,* essentials,
DOI 10.1007/978-3-658-14349-7_4

ist es mit dieser Methode möglich, Informationen über „Gestaltungsvarianten oder Inhalte" (usability-toolkit.de 2015) in Erfahrung zu bringen. Außerdem führen Gruppengespräche dazu, dass Ideen und Themen wechselseitig aufgefasst werden. Das bedeutet, dass die Beiträge der Gesprächspartner als „Stimuli für den nächsten Teilnehmer" (Kepper 1994, S. 73) gelten. Der große Vorteil dieser Methode sind die „authentischen Einblicke in die Lebenswirklichkeit" (Dammer und Szymkowiak 2008, S. 39) der Teilnehmer. Nach Hussy et al. (2010, S. 221 ff.) kann eine Gruppendiskussion auch als Fokusgruppe bezeichnet werden, wenn sie einen thematischen Schwerpunkt bzw. Fokus verfolgt.

Die erste Anforderung, die sich hinsichtlich der Teilnehmersuche für die Fokusgruppen ergab, war die Repräsentativität beider Geschlechter in der Diskussion. Es war durchaus anzunehmen, dass männliche und weibliche Individuen verschiedene Vorstellungen und Meinungen in Bezug auf Instagram, Facebook und Twitter erkennen ließen. Diese Annahme galt es mit einzuplanen, damit die auf diesen Aspekt bezogene „Meinungsverteilung in der Gruppe" (Hussy et al. 2010, S. 224) möglichst heterogener Natur war. Deshalb waren in jeder der drei Fokusgruppen mindestens zwei Teilnehmer jeden Geschlechts vertreten.

Sowohl für die Fokusgruppen, welche die Nutzer der Social-Media-Kanäle repräsentierten, als auch für jene, welche die Ansichten der Unternehmen widerspiegeln sollte, gab es eine notwendige und eine hinreichende Bedingung.

Die notwendige Bedingung an die Fokusgruppen der Nutzer bestand darin, die grundsätzlichen Strukturen der Social-Media-Kanäle zu kennen. Als hinreichende Bedingung galt, dass die Teilnehmer eine konkrete Vorstellung und dementsprechend eine Meinung von den Unterschieden von Instagram, Facebook und Twitter haben und in der Lage waren, darüber zu diskutieren. Eine gehaltvolle Auseinandersetzung mit dem Thema wäre sonst nicht möglich gewesen.

An die Teilnehmer der Fokusgruppe, welche die Unternehmen repräsentierte, bestand die notwendige Anforderung, dass sie genügend Berufserfahrung mitbrachten und für die in dieser Untersuchung wichtigen Social-Media-Kanäle bereits zuständig waren oder sind. Die hinreichende Bedingung für diese Gruppe lag darin, dass die Teilnehmer möglichst verschiedene Berufshintergründe mitbrachten, um ein breites Bild an Meinungen abbilden zu können.

So stellte die *erste Fokusgruppe* (F1) die Nutzer zwischen 14 und 18 Jahren dar. Die zweite Fokusgruppe (F2) bestand aus den älteren Nutzern zwischen 21 und 26 Jahren. Die dritte Fokusgruppe setzte sich wiederum aus Unternehmern und Social-Media-Managern verschiedener Agenturen zusammen (vgl. Tab. 4.1 …). So konnten die Charakteristika der einzelnen Social-Media-Kanäle anhand der Aussagen von Nutzern und Unternehmen adäquat analysiert werden.

Schriftliche offene Befragung

Bei der schriftlichen offenen Befragung, die innerhalb der Fokusgruppen durchgeführt wurde, sollten die Probanden insgesamt sechs kanalentfremdete Beiträge den jeweiligen Social-Media-Plattformen zuordnen. Somit standen für jeden Social-Media-Kanal jeweils zwei Posts zur Verfügung. Der Sinn der Befragung bestand darin, die Beiträge anhand der Inhalte zu bewerten und zuzuordnen. Nach der Auswahl des für die Teilnehmer passenden Kanals, war es ebenso Teil der Aufgabe, in wenigen Sätzen oder Schlagworten zu vermerken, warum sie den gesehenen Beitrag dem von ihnen ausgewählten Social-Media-Kanal zuwiesen.

Tab. 4.1 Visualisierung der Fokusgruppen mit ihren jeweiligen Teilnehmern. (Eigene Darstellung)

Teilnehmernummer	Geschlecht	Alter	Beruf
Fokusgruppe 1:			
T1	weiblich	18 Jahre	Schülerin
T2	weiblich	18 Jahre	Schülerin
T3	männlich	18 Jahre	Schüler
T4	weiblich	16 Jahre	Schülerin
T5	männlich	14 Jahre	Schüler
Fokusgruppe 2:			
T11	männlich	24 Jahre	Student, Mitarbeiter einer Agentur
T12	männlich	26 Jahre	Student, Mitarbeiter einer Agentur
T13	weiblich	26 Jahre	Mitarbeiterin einer Agentur
T14	weiblich	22 Jahre	Studentin
T15	weiblich	21 Jahre	Studentin
Fokusgruppe 3:			
T6	weiblich	43 Jahre	Geschäftsführer einer Agentur, Social-Media-Manager
T7	männlich	29 Jahre	Geschäftsführer einer Agentur, eines Unternehmens, Social Media Manager
T8	männlich	32 Jahre	Freiberuflicher Journalist, Ausbildung von Online-Redakteuren
T9	weiblich	35 Jahre	Mitarbeiterin in einer Agentur, Social-Media-Manager
T10	männlich	46 Jahre	Geschäftsführer einer Agentur, Social-Media-Manager

Auf diese Weise war es auf der einen Seite möglich, Kriterien auszumachen, nach welchen sowohl die Social-Media-Kanalnutzer als auch die Unternehmen die Beiträge bewerteten. Auf der anderen Seite war es anhand dieser Kriterien möglich, die jeweiligen Vorstellungen der Nutzer und Unternehmen bezüglich der Kanäle abzuleiten und zu vergleichen und damit den jeweiligen Social-Media-Kanälen tendenzielle Charakteristika zuzuschreiben. Der dritte Aspekt, der so überprüft werden konnte, war, ob die Beiträge der Social-Media-Kanäle überhaupt auf inhaltlicher Basis unterscheidbar waren und zu welchen Problemen es bei der inhaltlichen Differenzierung kommen könnte. Folglich war es weniger wichtig, die entfremdeten Posts dem entsprechenden Kanal richtig zuzuordnen. Bedeutender war die Begründung, nach welchen Kriterien der jeweilige Proband seine Wahl getroffen hatte.

In der folgenden Positionierung und Charakterisierung der ausgewählten Social-Media-Kanäle wird aus den Fokusgruppen und schriftlichen offenen Befragungen zitiert. Deshalb sollte die Zitierweise eine kurze Erläuterung finden. Da drei Fokusgruppen geführt wurden, hat jede von ihnen eine spezielle Nummer zugewiesen bekommen. Gleiches gilt für jeden Teilnehmer. In der unten aufgeführten Tabelle wird diese Konstellation genau dargestellt (vgl. Tab. 4.1). Die Zitierweise funktioniert dabei folgendermaßen:

- F1, T4   → Fokusgruppe 1, Teilnehmer 4
- F3, T6   → Fokusgruppe 3, Teilnehmer 6
- F2, T12   → Fokusgruppe 2, Teilnehmer 12

4.2   Positionierung und Charakterisierung von Instagram, Facebook und Twitter

Nachfolgend sind nun die Charakterisierungen der ausgewählten Social-Media-Plattformen aus Sicht von Unternehmen und Nutzern aufgelistet. Darauf aufbauend werden die jeweiligen Positionierungen und Kernaufgaben herausgestellt. Als Orientierungshilfe visualisiert Abb. 4.1 bereits vorab ein wichtiges Positionierungsmodell. Dabei misst das erste Kriterium, wie emotional oder informativ die jeweilige Social-Media-Plattform empfunden wird. Das zweite Kriterium vergleicht hingegen, wie stark werblich der einzelne Social-Media-Kanal von den Unternehmen genutzt und gleichzeitig von den Nutzern wahrgenommen wurde. Als Grundlage dafür dienten die Angaben der Unternehmen bezüglich der Marketing-Intensität in dem jeweiligen Social-Media-Kanal. Aufseiten der Nutzer

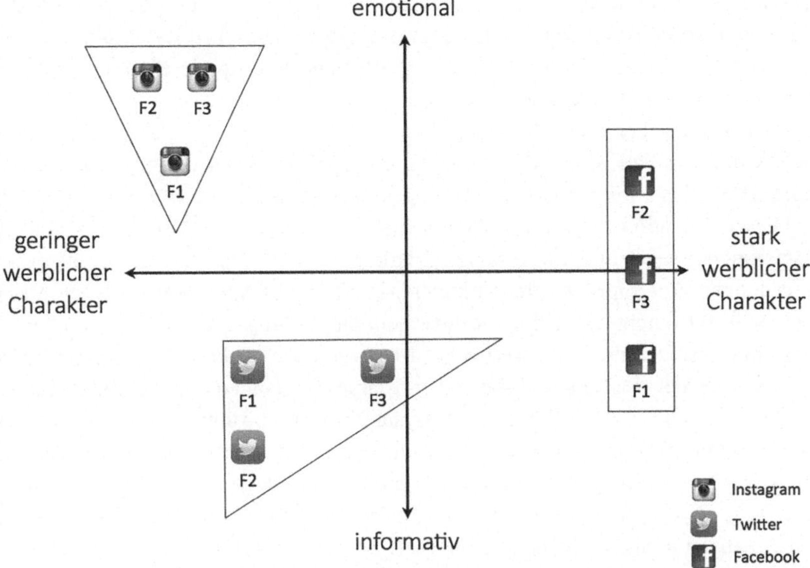

Abb. 4.1 Positionierungsmodell für Instagram, Facebook und Twitter auf Basis ausgewählter Kriterien. (Eigene Darstellung. Logoquellen: Instagram 2015a, Facebook 2015, Twitter 2015a)

wurden die Angaben zur Wahrnehmung von Unternehmensbeiträgen in dem jeweiligen sozialen Medium verwendet.

Instagram
Instagram ist der am emotionalsten empfundene Social-Media-Kanal. Das liegt vor allem daran, dass er mit Bildern und Fotos assoziiert wird, welche primär als emotionale Beitragsarten empfunden werden. Das zeigt sich besonders daran, dass die Foto- und Videosharing Community wesentlich häufiger aufgrund des für schön, imposant oder ästhetisch empfundenen Beitragsfotos zugeordnet wurde. Gleichzeitig resultiert daraus auch ein höherer Anspruch an die Qualität der hochgeladenen Bilder. Der Text hingegen spielt eine untergeordnete Rolle, lebt allerdings von den Hashtags und Mentions, der Verlinkung anderer Accounts. Instagram wird deutlich durch die Community geprägt, wodurch es sich ebenfalls von Facebook und Twitter abgrenzt. Diese nutzen den Social-Media-Kanal als Inszenierungsmöglichkeit, als virtuelle „perfekte Welt" (F1, T4). In dieser

präsentiert sich tendenziell eher eine junge weibliche Nutzergruppe, welche Instagram als Inspirationsquelle für das übergeordnete Thema Lifestyle nutzt. Inhalte beziehen sich deshalb besonders oft auf Bereiche wie Sport, Kochen, Fashion, Musik und Fotografie. Aus diesem Grund wird an Instagram auch ein wesentlich höherer ästhetischer und künstlerischer Anspruch gestellt, als das bei Facebook und Twitter der Fall ist. Das ist zugleich aber auch einer der Gründe, warum Instagram von dieser jungen Nutzergruppe priorisiert und intensiver verwendet wird.

Dieser Situation sind sich Unternehmen durchaus bewusst. Sie sehen in Instagram ein neues und interessantes „Marketing Tool" (F3, T6), das vor allem bei einer jungen Zielgruppe gewinnen könnte (F3, T6). Die Stärken werden vor allem im kreativen Content Marketing – primär dem Storytelling – gesehen. Dadurch wird Instagram weniger als direkt werbliches Medium, denn als kreativer, inspirierender und emotionaler Inszenierungsort einer Marke verstanden und genutzt. Dieses Verständnis wird von aktiven Instagram-Nutzern positiv angenommen. So identifizieren sich die aktiven User mit den Unternehmensbeiträgen auf der Foto- und Videosharing Community wesentlich eher, da jene dort als „indirekter" (F1, T1), also weniger werblich, verstanden werden. Zum einen liegt das an den kreativeren und innovativeren Posts, die sich von Facebook- und Twitter-Beiträgen in dieser Hinsicht unterscheiden. Des Weiteren lässt sich die Instagram-Community wesentlich leichter als Markenbotschafter instrumentalisieren, wodurch die Inhalte „glaubwürdiger als vorgefertigte Marketingbotschaften und Unternehmenspropaganda" (Esser 2014) wirken.

Im Gegensatz zu Facebook und Twitter fehlt Instagram allerdings eine aus Unternehmens- und Nutzersicht wichtige Funktion: das Reposten und Teilen von Beiträgen. Dieser Aspekt führt nach Ansicht von Unternehmen zu einem Reichweitenverlust.

Insgesamt zeigt sich aber, dass die Ansichten von Unternehmen und Nutzern sehr nah beieinanderliegen. Die große Chance von Instagram liegt in der emotionalen Inszenierung einer Marke. Gerade deshalb, weil es Marken dort möglich ist, zu einem Teil der Community zu avancieren, die diese Selbstinszenierung selbst praktiziert. Gut in Szene gesetzte, als ästhetisch empfundene Beiträge werden dadurch als weit weniger werblich empfunden, wodurch eine höhere Identifikation mit dem Beitrag und als Konsequenz auch mit der Marke stattfinden kann.

Facebook

Facebook ist ein hybrider Social-Media-Kanal. Er enthält aus Sicht von Unternehmen und Nutzern sowohl emotionale als auch informative Elemente und ist deshalb das Medium, welches zwischen die beiden Extreme Twitter (informativ) und Instagram (emotional) einzuordnen ist. Das liegt primär daran, dass alle

Darstellungsarten (Text, Bild, Video) mit dem sozialen Netzwerk verbunden werden, wobei Facebook vor allem mit Videos assoziiert wird. Gleichwohl bewerten die jüngeren Nutzer Facebook im Vergleich zu Instagram als informativer. Konträr dazu wird das soziale Netzwerk von Nutzern zwischen 21 und 26 Jahren gerade aufgrund der Verwendung als „Kontakttelefonbuch" (F2, T12) als emotionaler beschrieben und als so wichtig deklariert, dass das alltägliche Leben ohne das Medium gar anders verlaufen würde. Insgesamt ist Facebook für alle Altersklassen der Nutzergruppen ein lokaler Kommunikationskanal. Die Möglichkeiten, Gruppen beizutreten sowie die Facebook Messenger-Funktion, verstärken dieses Verständnis. In diesem sozialen Netzwerk präsentiert man seine eigene Persönlichkeit und tritt mit Freunden in den Dialog. Dabei ist Facebook nicht auf spezielle Themen fokussiert, während man sich auf Instagram und Twitter auf individuelle Interessensspektren konzentriert. Trotz des lokalen Charakters wird Facebook sowohl von Unternehmen als auch Nutzern als der Social-Media-Kanal für die breite Masse definiert, was vor allem auf die „hohe User-Zahl" (F3, T9) zurückzuführen ist.

Facebook ist das soziale Medium, dessen Beiträge im Vergleich zu Twitter und Instagram sowohl von Unternehmen als auch Nutzern als die längeren eingestuft werden. Im Vergleich zu Twitter und Instagram werden Beiträge vor allem an den ausformulierten Sätzen erkannt. Dadurch benötigen die Nutzer mehr Zeit, die Beiträge zu konsumieren. Hashtags und Mentions werden zudem weit weniger mit Facebook verbunden als mit den beiden anderen Social-Media-Kanälen. Anders als Instagram bietet Facebook die Funktion, gesehene Beiträge zu teilen, was besonders aus unternehmerischer Sicht wichtig ist, um eine hohe Reichweite zu erlangen.

Facebook wird von Unternehmen wie auch von Nutzern stark werblich empfunden. Aufgrund der hohen User-Zahl und der hohen Zielgruppenerreichbarkeit wird es deshalb auch am intensivsten für Marketing-Zwecke eingesetzt. Die Frequenz der verschiedenen Unternehmensbeiträge wird von den Nutzern allerdings als teilweise zu hoch empfunden. Gerade die jüngere Zielgruppe vergleicht Werbung auf Facebook mit „Frontalwerbung" (F1, T4) aus dem Fernsehprogramm, da diese in Anzeigen an den Seitenrändern dauerhaft sichtbar ist. Daraus resultiert, dass Werbung auf Facebook generell weniger Beachtung findet. Zudem entsprechen die Themen der Anzeigen nicht immer den aktuellen Bedürfnissen der Nutzer und weisen einen zu erkennbar werblichen Charakter auf. Die jüngeren Nutzer können sich mit Werbeinhalten weniger identifizieren. Nutzer zwischen 21 und 26 Jahren äußerten, im Hinblick auf die *vorgeschlagenen Werbebeiträge* auf Facebook hingegen, sogar ihr Unwohlsein, da diese Funktion inhaltlich so gut funktioniere, dass sie sich „ertappt" fühlen würden. Die Nutzer zwischen

14 und 18 Jahren empfanden indes die Mischung aus privatem Nutzen zu Kommunikationszwecken und der sehr direkten Werbung auf Facebook als ungünstig, weshalb sie angaben, sich oft durch Werbeanzeigen gestört zu fühlen.

Aufgrund der Ausweichmöglichkeit zu Instagram und dessen priorisierten Eigenschaften verlieren die jüngeren weiblichen Nutzer immer stärker das Interesse an Facebook. Die männliche junge Zielgruppe ist noch am intensivsten auf Facebook vertreten, da sie andere Nutzungserwartungen an einen Social-Media-Kanal stellt. Sie hegt weniger die Anforderung, sich inszenieren zu können, als Kontakte des Freundes- und Bekanntenkreises zu pflegen. Aus den gleichen Gründen stellt Facebook auch für die ältere Nutzergruppe die am häufigsten genutzte Social-Media-Plattform dar. Unternehmen und Nutzer können auf Facebook wegen seiner hybriden Merkmale sowohl emotionale als auch informative Inhalte konsumieren und hochladen. Nutzer, die nicht auf das Angebot von Instagram und Twitter zurückgreifen, suchen eben diese kanalspezifische, hybride Eigenschaft in diesem sozialen Netzwerk (vgl. Abb. 4.2).

Twitter

Der als globales Kommunikationsinstrument definierte Social-Media-Kanal Twitter wurde in den Fokusgruppen am kontroversesten diskutiert, da die Meinungen hinsichtlich des Mediums stark auseinandergingen. Feststellbar ist, dass aus Sicht von Unternehmen und Nutzern textliche Beiträge den Microblogging-Dienst prägen. Da Texte primär informativ aufgefasst werden, wird Twitter dementsprechend von allen Parteien als ein informatives Medium beschrieben. Der Microblogging-Dienst wird vor allem auf der Textebene erkannt und dort, ähnlich wie Instagram, besonders durch die Verwendung von Hashtags und Mentions.

Gerade für die Nutzer zwischen 21 und 26 Jahren, die Twitter auch wesentlich häufiger nutzen, als es die Nutzer zwischen 14 und 18 Jahren tun, bietet dieser einen schnellen, interaktiven Nachrichtencharakter, der durch seine sachliche Tonalität vor allem für die Suche nach und der Überlieferung von Informationen dient. Deshalb ist es auch der Social-Media-Kanal, der von dieser Altersgruppe am konzentriertesten konsumiert wird. Durch ihre Schnelllebigkeit wird der Social-Media-Plattform eine höhere Aktualität zugesprochen. So werden in diesem Kanal oft auch Events begleitet. Twitter wird allerdings primär zur gezielten Informationssuche interessanter Themen für den Beruf, das Studium oder Forschungsprojekten verwendet. Unternehmen sind vor allem dann interessant, wenn diese es verstehen, sich „als Kenner, als Spezialist für ein Thema" (F2, T12) zu etablieren. Twitter kann dabei als ein Instrument zur Bündelung von Inhalten dienen, da dort kurze Verlinkungen zu externen Seiten bereitgestellt werden können, welche dann die ausführlichen und tiefer gehenden Informationen bereit halten.

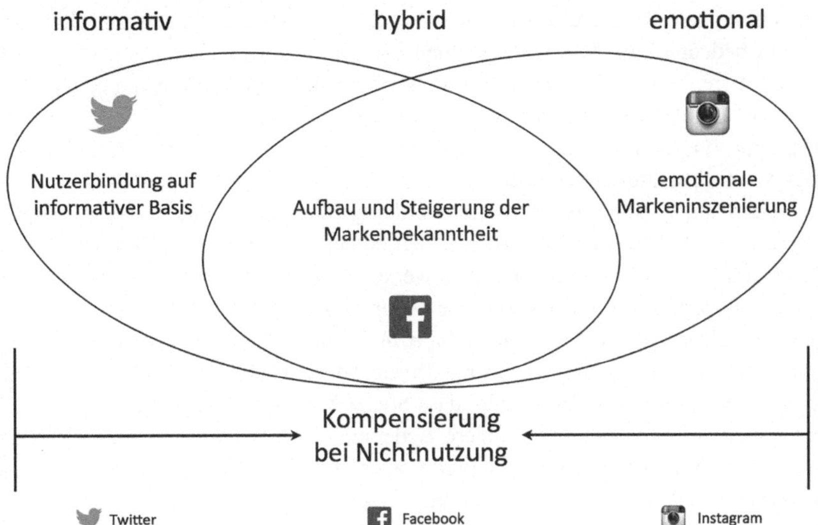

Abb. 4.2 Elementare Ausrichtung und Kernaufgaben der jeweiligen Social-Media-Kanäle. (Eigene Darstellung. Logoquellen: Instagram 2015a, Facebook 2015, Twitter 2015a)

Aus der Perspektive der Nutzergruppe zwischen 14 und 18 Jahren dienen Social-Media-Plattformen vor allem der Freizeitgestaltung. Aus diesem Grund werden auf Twitter Informationen und Statusupdates von und über Stars gelesen, also einem Thema, das bei den meisten jungen Menschen in diesen Bereich fällt. Durch diese Themen wird Twitter ein höherer emotionaler Charakter zugewiesen, als das bei der älteren Nutzergruppe der Fall ist. Dadurch ist anhand von Twitter zu erkennen, dass sich die Nutzung von Social-Media-Kanälen je nach Altersabschnitt und Lebenssituation durchaus ändern kann. Denn die Nutzer zwischen 21 und 26 Jahren verwenden Twitter meist aufgrund beruflicher oder studentischer Interessen.

Unternehmen verstehen Twitter am ehesten als Kanal zum Informationsaustausch, allerdings weniger als Servicekanal, da dieses Angebot selten seitens der Nutzer angenommen zu werden scheint. Als positives Beispiel gelte in diesem Fall aber die Deutsche Bahn, die bei Beschwerden und Serviceanfragen auf Twitter schnell reagiert. Twitter kann in diesem Idealfall eine hohe und schnelle Interaktivität zugeschrieben werden. Insgesamt werden Social-Media-Kanäle im Allgemeinen aber gerade von den Unternehmen als viel emotionaler beschrieben. Diese werden stärker dazu verwendet, „eine emotionale Bindung zu schaffen oder eine emotionale Reichweite zu dem Produkt" (F3, T6) aufzubauen. Im Umkehrschluss bedeutet das, dass Unternehmen Informationen eher über andere Kanäle transportieren, wie z. B. eine Webseite. Aber genau hier liegt die Chance das vorhandene, auf externen Quellen gespeicherte Informationsmaterial, wie es die Nutzergruppe im Alter von 21 bis 26 Jahren beschreibt, durch kurze Verlinkungen über Twitter zugänglich zu machen.

Unternehmensbeiträge auf Twitter werden gerade bei der älteren Nutzergruppe aufgrund der hohen Identifikation mit den eigenen Interessen im Studenten- und Berufsalltag als sehr interessant und wenig aufdringlich wahrgenommen. Weit weniger Beachtung finden informative Unternehmensbeiträge allerdings bei einer jüngeren Zielgruppe, die viel mehr Wert auf Emotionalität legt, wodurch Instagram auch in der Nutzungsintensität deutlich über Twitter liegt. Hier spielt der bereits genannte Aspekt eine Rolle, dass Social-Media-Kanäle durchaus aufgrund der aktuellen Lebenslage eine andere Bedeutung und Wichtigkeit zugeschrieben bekommen. Nichtsdestotrotz wird Twitter auch von dieser Nutzergruppe ein geringer – wenn auch höherer als bei Instagram – werblicher Charakter zugeschrieben.

Thesen

Vorab ist zu beachten, dass die Exploration für dieses *essential* keinen Anspruch auf statistische Repräsentativität erhebt. Die durchgeführten Fokusgruppen und schriftlichen offenen Befragungen ermöglichten lediglich die Erhebung kleiner Stichprobenmengen. Es galt durch qualitative Forschungsmethoden Theorien in einem neuen Forschungsfeld zu generieren, weshalb die Ergebnisse als Tendenzen zu betrachten sind.

Nachfolgend sind nun die Thesen aufgelistet, die anhand der in diesem Kapitel dargestellten Auswertungen des jeweiligen Social-Media-Kanals formuliert wurden:

These 1

Instagram ist im Social-Media-Kommunikationsmix als Instrument für die emotionale ästhetische Markeninszenierung für eine junge Zielgruppe zu positionieren.

These 2

Facebook ist im Vergleich zu Instagram und Twitter ein stark werblicher Social-Media-Kanal. Er ist aufgrund seiner hybriden Form und Eigenschaften, seiner hohen User-Zahl und den daraus resultierenden diversen Zielgruppen vor allem für den Aufbau und die Steigerung der Markenbekanntheit geeignet.

These 3
Die Grundeigenschaft der Social-Media-Plattform Twitter ist der kurze, aktuelle und schnelle Informationsaustausch. Die Nutzerbindung findet durch das Angebot eines informativen Mehrwerts des Unternehmens oder der Marke statt.

Abb. 4.2 verdeutlicht nun die Schnittmengen, die sich durch die hybriden Eigenschaften von Facebook ergeben. Facebook kommt dadurch außerdem eine kompensierende Funktion zu. „Da ich kein Instagram benutze, weil ich einfach sehr, sehr ungern fotografiere, mache ich genau das, was T15 gerade gesagt hat, also die Präsentation eben den Freunden, auch etwas von mir letztendlich preisgeben, bei Facebook" (F2, T12).

Wurde Instagram nicht genutzt, sind dessen Eigenschaften folglich von Facebook übernommen worden. Für Unternehmen bedeutet das im übertragenen Sinn, dass das soziale Netzwerk die Kernfunktionen der anderen Social-Media-Kanäle kompensieren kann. Dies wiederum könnte allerdings zu einer Verwässerung der Kommunikationsintention des einzelnen Kanals führen und gleichzeitig die potenzielle Kommunikationsreichweite begrenzen.

Fazit und Handlungsempfehlungen 5

Unternehmen müssen im Bereich des SMM die verschiedenen Intentionen und Charakteristiken der Social-Media-Kanäle stets berücksichtigen und die Inhalte an diese anpassen. Wenig sinnvoll ist es, über einen längeren Zeitraum gleiche Beiträge auf unterschiedlichen Kanälen zu posten, denn die „Zielgruppen sind heute überwiegend auf mehreren Kanälen unterwegs" (F3, T6). Als Konsequenz würde ein Nutzer dann „zu dem Kanal tendieren, den er für sich am positivsten empfindet" (F3, T6). Ein gelungener Mix an Social-Media-Kanälen entsteht genau dann, wenn ein Unternehmen versteht, „dass jeder Kanal seine Spezifitäten hat, aber auch seine Zielgruppe" (F3, T6). Eine individuelle und kreative Aufbereitung der Inhalte ist deshalb notwendig und wird von dem Nutzer auch erwartet. Dabei ist es allerdings immens wichtig, die gleiche Kernbotschaft bzw. die gleiche Kernaussage kanalübergreifend zu kommunizieren, auch wenn dies mit anderen Mitteln und Methoden zu bewerkstelligen ist.

Bei aller Planung darf nicht vergessen werden, dass der User als Individuum nicht vollständig berechenbar ist. Von ihm geht eine gewisse Eigendynamik aus, die trotz aller Berechnungsversuche nicht immer kalkulierbar ist (F3, T9).

Darüber hinaus muss berücksichtigt werden, dass die Erkenntnisse dieses *essentials* aktuelle Momentaufnahmen sind. Bei dem dynamischen Angebot der Social-Media-Kanäle und ihrer Trends ist eine permanente Beobachtung und Evaluation der individuellen Einsatzmöglichkeiten wichtig. Angesichts der jüngsten Entwicklungen ist Instagram selbst das beste Beispiel dafür. Das zeigen die rasant schellen Veränderungen, welche die Foto- und Videosharing Community im Juli und August 2015 durchlief und weiterhin durchläuft. Darüber hinaus erweitert sich stetig das Angebot an Social-Media-Plattformen, wodurch die Positionierung der vielfältigen Kanäle immer wieder überdacht und angepasst werden muss.

© Springer Fachmedien Wiesbaden 2016
M. Faßmann und C. Moss, *Instagram als Marketing-Kanal*, essentials,
DOI 10.1007/978-3-658-14349-7_5

Um nun eine abschließende Handlungsempfehlung aussprechen zu können, ist es von Bedeutung, sich das aus den Thesen der empirischen Forschung resultierende Aufgabenverständnis der einzelnen Social-Media-Kanäle zu vergegenwärtigen. Facebook ist durch seine hohe User-Zahl und dadurch bedingten diversen Zielgruppen für den Aufbau und die Steigerung der Markenbekanntheit besonders wichtig. Aus Sicht der Unternehmen resultiert daraus die hohe Marketing-Intensität, während der Kanal von den Nutzern stark werblich wahrgenommen wird. Unternehmen haben hier die Aufgabe, eine möglichst effiziente Beitragsfrequenz zu etablieren, ohne dem Nutzer das Gefühl zu geben, „zugespamt" (F2, T13) zu werden. Durch die hybride Form des Kanals bietet Facebook eine deutlich höhere Variabilität der Beiträge, da sowohl informative als auch emotionale Inhalte bereitgestellt werden können. Dabei befindet sich Facebook in dem Spannungsfeld, durch gepostete Inhalte die Kommunikationsintentionen von Twitter oder Instagram nicht zu egalisieren. Gleichzeitig muss es aufgrund seiner hybriden Eigenschaften einer Kompensierungsfunktion für Instagram und Twitter nachkommen, falls diese nicht verwendet werden (vgl. Abb. 4.2) (F3, T6).

Twitter bietet einen schnellen und interaktiven Nachrichten-Charakter, der vor allem dem Informationsaustausch dient. Durch die Möglichkeit, externe Inhalte durch Verlinkungen zu bündeln, kann ein Unternehmen ausführliche und tiefer gehende Informationen bereitstellen. So können sie sich für den Nutzer als „Kenner, als Spezialist für ein Thema etablieren" (F2, T12). Unternehmen haben so die Chance, Kompetenz, Fachwissen und Seriosität zu vermitteln und ein qualitatives Vertrauensverhältnis mit den Nutzern aufzubauen.

Da Instagram als Marketing-Kanal das übergeordnete Thema dieses *essentials* darstellt, sollte nochmals ein genauer Blick auf die Möglichkeiten, die Instagram als Marketing Tool für Unternehmen und Marken bietet, geworfen werden. Eine elementare Orientierungshilfe nimmt dabei die *Moderne Markenführung* ein, welche „wesentlich durch Gefühle, Emotionen, Bilder und andere nonverbale Eindrücke geprägt" (Esch und Möll 2005, S. 63) ist. Das sind genau die Eigenschaften, welche Instagram auszeichnen. Die Foto- und Videosharing Community bietet einen emotionalen Kommunikationsraum mit der Möglichkeit der Inszenierung durch ästhetische Bilder. Nach Ruge entfalten Bilder besonders „starke emotionale Wirkungen, weil sie die Wirklichkeit lebendiger, farbiger und realitätsnäher abbilden als Worte" (2005, S. 244). Deshalb sind Markenbilder „ideale Mittel zum Aufbau emotionaler Erlebniswelten" (Ruge 2005, S. 244). Da sowohl Unternehmen als auch Nutzer Instagram mit der Darstellungsart Bild assoziieren, bietet der Social-Media-Kanal damit die optimalen Voraussetzungen für die Inszenierung einer solchen *Markenerlebniswelt*. Es besteht die Möglichkeit, gerade einer jungen Nutzergruppe die Erlebnisqualität einer Marke näherzubringen. Genau nach dieser verlangt die Community auf Instagram, da Individuen der Wohlstandsgesellschaft sich in „immer umfassenderen Bereichen auf emotionaler Ebene selbst verwirklichen" (Weinberg und Diehl 2005, S. 265) – sich selbst in einer perfekten Welt inszenieren wollen (F2, T15). Der Erlebniskonsum wird „zu einer willkommenen Gelegenheit […] für emotionales Empfinden und Geborgenheit in einer eigenen Welt" (Weinberg und Diehl 2005, S. 265). Und genau an diesem Punkt haben Marken auf Instagram die Chance, als Inspiration und Orientierungshilfe verstanden zu werden.

Das ermöglicht gleichzeitig die Entstehung einer aktiven *Markenbeziehung* mit den Nutzern. „Die direkte Kommunikation und die Einbindung und vor allem Wertschätzung von User Generated Content bindet die User aktiv an die Marke und lässt diese nicht selten zu nachhaltigen Markenbotschaftern werden" (Kakareko 2015). Denn gerade die Community auf Instagram, lässt sich „durch Leute inspirieren, die […] Marken nutzen oder auch vertreten" (F1, T4).

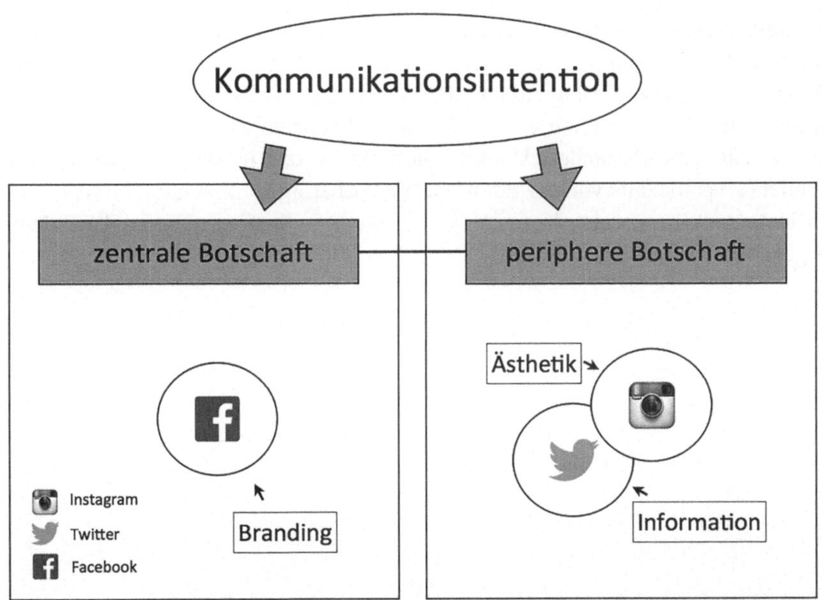

Abb. 5.1 Kommunikationsintention ausgewählter Social-Media-Kanäle in Anlehnung an „Bereiche der Marketing-Ästhetik" (Schmitt und Simonson 2005, S. 314) (eigene Darstellung). Logoquellen: (Instagram 2015a), (Facebook 2015), (Twitter 2015a)

Durch seine hohe Emotionalität und seinen künstlerischen Anspruch kann Instagram außerdem der *Marketing-Ästhetik* in den sozialen Medien den nötigen Raum geben.

Das bedeutet aber auch, dass Unternehmen bzw. Marken den künstlerischen und ästhetischen Anspruch der Community in ihren Beiträgen auf Instagram gerecht werden müssen. Kreativität, Ästhetik und die Vermittlung von Emotionen müssen daher die Beiträge auf Instagram prägen. Damit hat es keinen stark werblichen Charakter *(zentrale Botschaft),* wie es bei Facebook der Fall ist. Vielmehr sendet Instagram durch ästhetische Inhalte sensorische Erfahrungen, die das Unternehmen beziehungsweise die Marke nachhaltig in den Köpfen der Nutzer positioniert (vgl. Abb. 5.1) (Schmitt und Simonson 2005). Bei Twitter verhält es sich ähnlich. Durch das Senden von informativen Botschaften wird primär das Vertrauen in Unternehmen und Marken nachhaltig gefestigt.

Schlussendlich lässt sich festhalten, dass Instagram ein Marketing-Kanal ist, der durch die neueingeführten Werbemöglichkeiten nun auch für die Markenbekanntheit, vor allem aber für den Aufbau des Marken-Image und der Positionierung einer Marke geeignet ist. Die Markenpositionierung definiert sich über klare Vorstellungen und Bilder seitens der Kunden bzw. Nutzer gegenüber einer Marke (Esch 2005). Die von der Community gewünschte Markeninszenierung ist daher die große Stärke von Instagram und führt dazu, dass – wie Nieberding es in ihrem Artikel für *Die Zeit* schrieb – sich Marken und Konsumenten bzw. Nutzer „noch nie so nah" (2014) standen. Unternehmen und Nutzer haben nicht nur ein sehr ähnliches Verständnis von der Foto- und Videosharing Community. Vielmehr bietet Instagram ihnen einen Kommunikationsraum, in dem sie sich auf Augenhöhe begegnen können.

Was Sie aus diesem *essential* mitnehmen können

- Unternehmen und Marken müssen im Bereich des SMM die verschiedenen Intentionen und Charakteristiken der Social-Media-Kanäle stets berücksichtigen und die Inhalte an diese anpassen.
- Die Foto- und Videosharing Community bietet einen emotionalen Kommunikationsraum mit der Möglichkeit der Inszenierung durch ästhetische Bilder.
- Instagram wird tendenziell eher von einer jungen Nutzergruppe verwendet, welche die Social-Media-Plattform als Inspirationsquelle für das übergeordnete Thema Lifestyle nutzt.
- Instagram wird durch die Community geprägt und diese nutzt den Social-Media-Kanal als Inszenierungsmöglichkeit, als virtuelle „perfekte Welt".
- Unternehmen sehen die Stärken von Instagram vor allem im kreativen Content Marketing – primär dem Storytelling.
- Instagram wird weniger als direkt werbliches Medium, denn als kreativer, inspirierender und emotionaler Inszenierungsort einer Marke verstanden.
- Aus diesem Grund bietet Instagram die optimalen Voraussetzungen für die Inszenierung einer *Markenerlebniswelt (vgl. Abschn. 2.6 Markenerlebniswelt).*
- Durch die weniger werbliche Auffassung identifizieren sich die aktiven User mit den Unternehmensbeiträgen auf der Foto- und Videosharing Community wesentlich eher, als das bei Facebook und Twitter der Fall ist.

© Springer Fachmedien Wiesbaden 2016
M. Faßmann und C. Moss, *Instagram als Marketing-Kanal,* essentials,
DOI 10.1007/978-3-658-14349-7

- Marken haben auf Instagram die Chance, als Inspiration und Orientierungshilfe verstanden zu werden.
- Die Instagram-Community lässt sich leicht als Markenbotschafter instrumentalisieren, wodurch Inhalte „glaubwürdiger als vorgefertigte Marketingbotschaften und Unternehmenspropaganda" (Esser 2014) wirken.
- ***Instagram ist im Social-Media-Kommunikationsmix als Instrument für die emotionale ästhetische Markeninszenierung für eine junge Zielgruppe zu positionieren.***

Literatur

Aßmann, S., & Röbbeln, S. (2013). *Social Media für Unternehmen – Das Praxisbuch für KMU* (1. Aufl.). Bonn: Galileo Computing.

Aaker, J. L. (2005). Dimensionen der Markenpersönlichkeit. In F.-R. Esch (Hrsg.), *Moderne Markenführung – Grundlagen – Innovative Ansätze – Praktische Umsetzungen* (4. Aufl., S. 165–176). Wiesbaden: Gabler.

Ambs, T., & Schmied, K. (2014). Smartphones und andere kulturelle Katastrophen (II) – Nomophobie Studie 2014/2015. (mind store marketing, Hrsg.) München.

ard-zdf-onlinestudie.de. (2015). *ARD/ZDF-Onlinestudie 2015*. Abgerufen am 26. Februar 2016 von ard-zdf-onlinestudie.de: http://www.ard-zdf-onlinestudie.de/index.php?id=541.

Bergert, D. (21. Juli 2015). *Instagram-Update bringt neue Such-Funktionen*. Abgerufen am 24. Juli 2015 von Computerbild.de: http://www.computerbild.de/artikel/avf-Tests-Digitalkameras-Suche-Instagram-Update-12278244.html.

Bersch, A. (4. Juni 2015). *Instagram Anzeigen richtig einsetzen*. Abgerufen am 25. Juli 2015 von marketing-BÖRSE: http://www.marketing-boerse.de/Fachartikel/details/1523-Instagram-Anzeigen-richtig-einsetzen.

Birnkraut, C. (2015). *Was ist eine Marke? Definition, Markenarchitektur, Funktion & Kennzeichen*. Abgerufen am 18. Juli 2015 von Aufgesang Online Marketing: http://www.sem-deutschland.de/seo-tipps/was-ist-eine-marke-definition-markenarchitektur-funktion-kennzeichen/.

Bitkom. (31. Oktober 2013). *Soziale Netzwerke 2013 – Eine repräsentative Untersuchung zur Nutzung sozialer Netzwerke im Internet*. Abgerufen am 27. Juli 2015 von Bitkom: https://www.bitkom.org/Bitkom/Publikationen/Soziale-Netzwerke-dritte-erweiterte-Studie.html.

Blackston, M. (1993). Beyond brand personality: Building brand relationships. In D. A. Aaker & A. L. Biel (Hrsg.), *Brand equity & advertising – Advertising's role in building strong brands* (S. 113–124). New York: Psychology Press.

Blumberg, V. (30. August 2013). *Instagram – was ist das?* Abgerufen am 24. Juni 2015 von inmdm wrbgntr: www.inmedium.net/blog/beitrag/instagram-was-ist-das/.

© Springer Fachmedien Wiesbaden 2016

M. Faßmann und C. Moss, *Instagram als Marketing-Kanal,* essentials,

DOI 10.1007/978-3-658-14349-7

Burmann, C., & Markgraf, D. (2015a). *Markenpositionierung*. Abgerufen am 19. Juli 2015 von Gabler Wirtschaftslexikon: http://wirtschaftslexikon.gabler.de/Archiv/10427/markenpositionierung-v7.html.

Burmann, C., & Markgraf, D. (2015b). *Markenidentität*. Abgerufen am 19. Juli 2015 von Gabler Wirtschaftslexikon: http://wirtschaftslexikon.gabler.de/Archiv/57329/markenidentitaet-v7.html.

Campillo-Lundbeck, S. (20. April 2015). *Bilderdienst startet mit Samsung, Zalando und Co. in die Werbevermarktung*. Abgerufen am 27. Juli 2015 von Horizont: http://www.horizont.net/marketing/nachrichten/Instagram-Werbevermarktung-in-Deutschland-startet-mit-Samsung-Zalando-und-Co.-133971.

construktiv. (6. Mai 2015). *Instagram führt gesponserte Beiträge in Deutschland ein*. Abgerufen am 26. Juli 2015 von construktiv: http://www.construktiv.de/blog/social-media/instagram-fuehrt-gesponserte-beitraege-in-deutschland-ein/.

coseed. (2015). *Definition: Story-Telling Marketing*. Abgerufen am 25. Juli 2015 von coseed: http://www.coseed.de/magazin/definition-story-telling-marketing.html.

Dammer, I., & Szymkowiak, F. (2008). *Gruppendiskussionen in der Marktforschung*. Köln: rheingold.

Eckert, T. (19. August 2015). *Instagram Advertising: Das Bildnetzwerk kündigt nächste Schritte an!* Abgerufen am 21. August 2015 von evoim.: http://www.eviom.com/blog/2015/08/19/instagram-advertising-das-bildnetzwerk-kuendigt-naechste-schritte/.

Esch, F.-R. (2005). Markenpositionierung als Grundlage der Markenführung. In F.-R. Esch (Hrsg.), *Moderne Markenführung – Grundlagen – Innovative Ansätze – Praktische Umsetzungen* (4. Aufl., S. 131–163). Wiesbaden: Gabler.

Esch, F.-R., & Möll, T. (2005). Kognitionspsychologische und neuroökonomische Zugänge zum Phänomen Marke. In F.-R. Esch (Hrsg.), *Moderne Markenführung – Grundlagen – Innovative Ansätze – Praktische Umsetzungen* (4. Aufl., S. 63–82). Wiesbaden: Gabler.

Esch. The Brand Consultants. (2015). *Markenpositionierung: Einen Leuchtturm für die Marke bauen*. Abgerufen am 19. Juli 2015 von Esch. The Brand Consultants: http://www.esch-brand.com/markenfuehrung/markenpositionierung.php.

Esser, M. R. (21. August 2014). *Social Media: Den Kunden genau kennen lernen, eine emotionale Beziehung aufbauen und ihn langfristig binden*. Abgerufen am 24. Juli 2015 von Strategy & Transformation Consulting: http://www.strategy-transformation.com/social-media-verstehen/.

Facebook. (2015). *Brand Resources*. Abgerufen am 05. September 2015 von facebookbrand: https://www.facebookbrand.com/.

Facebook Newsroom. (31. Dezember 2015). *Company Info*. Abgerufen am 26. Februar 2016 von Facebook Newsroom: http://newsroom.fb.com/company-info/.

Faßmann, M. (2015). Instagram als Marketing-Kanal: Die Positionierung ausgewählter Social-Media-Plattformen anhand ihrer Charakterisierungen durch Unternehmen und Nutzer. Bachelor-Thesis an der BiTS-Hochschule in Iserlohn.

Firsching, J. (18. Januar 2016). *Instagram Nutzerzahlen – 9 Mio. Instagrammer in Deutschland*. Abgerufen am 26. Februar 2016 von Futurebiz: http://www.futurebiz.de/artikel/instagram-nutzerzahlen-9-mio-instagrammer-in-deutschland/.

Flick, U. (2009). *Sozialforschung – Methoden und Anwendungen – Ein Überblick für die BA-Studiengänge*. (B. König, Hrsg.) Hamburg: rowohlts enzyklopädie.

Fournier, S. M. (2005). Markenbeziehungen – Konsumenten und ihre Marken. In F.-R. Esch (Hrsg.), *Moderne Markenführung – Grundlagen – Innovative Ansätze – Praktische Umsetzungen* (4. Aufl., S. 209–237). Wiesbaden: Gabler.

futurebiz. (2015a). *Instagram Marketing*. Abgerufen am 25. Juni 2015 von futurebiz: http://www.futurebiz.de/leitfaden-instagram-marketing/.

futurebiz. (Hrsg.). (4. Juni 2015b). *Instagram Marketing und Anzeigen crashkurs*. Abgerufen am 25. Juli 2015 von Slideshare: http://de.slideshare.net/futurebiz_de/instagram-crash-kurs?utm_source=slideshow&utm_medium=ssemail&utm_campaign=post_upload_view_cta.

futurezone. (28. August 2015). *Instagram hebt Fotoformat-Einschränkung auf*. Abgerufen am 2. September 2015 von futurezone: http://futurezone.at/digital-life/instagram-hebt-fotoformat-einschraenkung-auf/149.486.347.

Herrmann, A., Huber, F., & Braunstein, C. (2005). Gestaltung der Markenpersönlichkeit mittels der „means-end"-Theorie. In F.-R. Esch (Hrsg.), *Moderne Markenführung – Grundlagen – Innovative Ansätze – Praktische Umsetzungen* (4. Aufl., S. 177–207). Wiesbaden: Gabler.

Hilker, C. (7. August 2013a). *Was ist Influencer Marketing?* Abgerufen am 25. Juli 2015 von Hilker Consulting: http://www.hilker-consulting.de/influencer-marketing/.

Hilker, C. (10. April 2013b). *Storytelling im Content-Marketing (6/8)*. Abgerufen am 26. Juli 2015 von Hilker Consulting: http://www.hilker-consulting.de/storytelling-im-content-marketing-68/.

Hitz, L. (21. Januar 2015). *86 % of Top Global Brands Use Instagram*. Abgerufen am 27. Juli 2015 von Simply Measured: http://simplymeasured.com/blog/2015/01/21/86-of-top-global-brands-use-instagram/#i.scpqs74yxdx5s2.

Huawei Technologies Deutschland GmbH, & Initiative D21 e. V. (Hrsg.). (Dezember 2014). *Eine Studie der Initiative D21, durchgeführt von TNS Infratest: Mobile Internetnutzung 2014 – Gradmesser für die digitale Gesellschaft*. Von initiatived 21: http://www.initiatived21.de/wp-content/uploads/2014/12/Mobile-Internetnutzung-2014_WEB.pdf abgerufen.

Hussy, W., Schreier, M., & Echterhoff, G. (2010). *Forschungsmethoden in Psychologie und Sozialwissenschaften – für Bachelor*. Berlin: Springer.

Hutter, T. (19. September 2015). *Facebook: Instagram offen für Unternehmen jeder Grösse/Werbung bald auch in der Schweiz*. Abgerufen am 06. Januar 2016 von Hutter Consult GmbH: http://www.thomashutter.com/index.php/2015/09/facebook-instagram-offen-fuer-unternehmen-jeder-groesse-werbung-bald-auch-in-der-schweiz/.

Instagram. (2015a). *Brand Resources*. Abgerufen am 05. September 2015 von Instagram: https://www.instagram-brand.com/.

Instagram. (2015b). *beatsbydre*. Abgerufen am 25. Juli 2015 von Instagram: https://instagram.com/p/4_z86BnJEX/?taken-by=beatsbydre.

Instagram. (2015c). Abgerufen am 24. Juli 2015 von Instagram: https://instagram.com/.

Instagram. (2015d). *Anzahl der monatlich aktiven Nutzer von Instagram weltweit in ausgewählten Monaten von Januar 2013 bis September 2015 (in Millionen)*. Abgerufen am 06. September 2015 von Statista – Das Statistik-Portal: http://de.statista.com/statistik/daten/studie/300347/umfrage/monatlich-aktive-nutzer-mau-von-instagram-weltweit/.

Instagram. (2016). *Unternehmen*. Abgerufen am 06. Januar 2016 von Instagram: https://business.instagram.com.

Instagram Blog. (22. September 2015). *Celebrating a Community of 400 Million.* Abgerufen am 06. Januar 2016 von Instagram Blog: http://blog.instagram.com/post/129662501137/150922-400million.

Instagram for Business. (Juni 2015). *Carousel Ads Go Global.* Abgerufen am 27. Juli 2015 von Instagram for Business Blog: http://blog.business.instagram.com/post/120110897181/carousel-ads-go-global.

Interbrand. (2014). *Rankings.* Abgerufen am 27. Juli 2015 von Interbrand: http://www.best-globalbrands.com/2014/ranking/.

Kakareko, T. (24. August 2015). Instagram-Star Thomas K: „Ansprechender Content funktioniert immer". (S. Bruns, Interviewer). Abgerufen am 24. August 2015 von LEAD digital: http://www.lead-digital.de/aktuell/specials/dmexco_preview/instagram_star_thomas_k_ansprechender_content_funktioniert_immer.

Kaminski, S. (2009). *Die regionale Clustermarke – Konzept strategischer Markenführung* (1. Aufl.). Wiesbaden: Gabler.

Kepper, G. (1994). *Qualitative Marktforschung – Methoden, Einsatzmöglichkeiten und Beurteilungskriterien.* Wiesbaden: Springer.

Kroll, S. (8. April 2015b). *Instagram: Benachrichtigungen und Foto-Update.* Abgerufen am 24. Juni 2015 von Internet World: http://www.internetworld.de/social-media/instagram/instagram-benachrichtigungen-foto-update-920275.html.

Kroll, S. (5. August 2015a). *Instagram schaltet Advertising-API frei.* Abgerufen am 15. August 2015 von Internet World Business: http://www.internetworld.de/onlinemarketing/instagram/instagram-schaltet-advertising-api-frei-996825.html.

Lexikon online. (2015). *duale Kodierung.* Abgerufen am 21. Juli 2015 von Lexikon online – Online-Enzyklopädie für Psychologie und Pädagogik: http://lexikon.stangl.eu/2505/duale-kodierung/.

Mander, J. (26. September 2014). *GWI Infographic: Instagram Users.* Abgerufen am 27. Juli 2015 von globalwebindex: http://www.globalwebindex.net/blog/instagram-infographic.

mediabeard. (19. März 2015). *The Instagram Carousel.* Abgerufen am 27. Juli 2015 von mediabeard: http://mediabeard.co.uk/daily_fuzz/instagram-carousel/.

Nieberding, M. (18. Dezember 2014). *Instagram – Ein Hashtag sagt mehr als tausend Worte.* Abgerufen am 24. Juli 2015 von Zeit Magazin: http://www.zeit.de/zeit-magazin/mode-design/2014-11/mode-wirtschaft-instagram-digitale-revolution.

Pein, V. (2014). *Der Social Media Manager – Handbuch für Ausbildung und Beruf* (1. Aufl.). Bonn: Galileo Press.

Pettauer, R. (24. April 2015). *Alles über Instagram: Funktionen, Fakten, Best Practices | Marketing mit digitalen Polaroid Selfies?* Abgerufen am 24. Juni 2015 von Datenschmutz: http://blog.datenschmutz.net/2015-04/instagram-marketing-guide-2015/.

Reinartz, J. (9. Januar 2015a). *Darum sollten Unternehmen 2015 auf Instagram setzen.* Abgerufen am 25. Juli 2015 von webmatch: http://www.webmatch.de/blog/darum-sollten-unternehmen-2015-auf-instagram-setzen/.

Reinartz, J. (4. Februar 2015b). *So entsteht die perfekte Content-Strategie (Teil 1).* Abgerufen am 24. Juli 2015 von webmatch: http://www.webmatch.de/blog/entsteht-die-perfekte-content-strategie-teil-1/.

Reinartz, J. (24. Mai 2015c). *Werbeanzeigen auf Instagram: Das müssen Sie zu den Ads wissen.* Abgerufen am 26. Juli 2015 von webmatch: http://www.webmatch.de/blog/werbeanzeigen-auf-instagram-das-muessen-sie-zu-den-ads-wissen/.

Ruge, H.-D. (2005). Aufbau von Markenbildern. In F.-R. Esch (Hrsg.), *Moderne Markenführung – Grundlagen – Innovative Ansätze – Praktische Umsetzung* (4. Aufl., S. 239–261). Wiesbaden: Gabler.

Schmitt, B., & Simonson, A. (2005). Marketing-Ästehtik für Marken. In F.-R. Esch (Hrsg.), *Moderne Markenführung – Grundlagen – Innovative Anstäze – Praktische Umsetzungen* (4. Aufl., S. 305–327). Wiesbaden: Gabler.

Schober, D. (6. Januar 2015). *Alles über #Instagram und seine Bedeutung für Unternehmen.* Abgerufen am 27. Juli 2015 von Zeitgeist: http://www.designwargestern.de/2015/01/alles-ueber-instagram-fuer-unternehmen/.

Scholz, C. (14. Juli 2015). *BEATS BY DRE: EMOTIONALES STORYTELLING.* Abgerufen am 24. Juli 2015 von ORGA.UNI-SB.DE: http://www.orga.uni-sb.de/w/beats-by-dre-emotionales-storytelling/.

Talbot, K. (3. Juni 2015). *5 Brands on Instagram That Succeed With Influencer Marketing.* Abgerufen am 26. Juli 2015 von Social Media Examiner: http://www.socialmediaexaminer.com/5-brands-on-instagram-that-succeed-with-influencer-marketing/.

Twitter. (2015a). *Twitter Markenressourcen.* Abgerufen am 05. September 2015 von About Twitter: https://about.twitter.com/de/company/brand-assets.

Twitter. (31. Dezember 2015b). *Unternehmen.* Abgerufen am 06. Januar 2016 von About Twitter: https://about.twitter.com/de/company.

usability-toolkit.de. (2015). *Fokusgruppe.* Abgerufen am 03. August 2015 von usability-toolkit.de: http://usability-toolkit.de/usability-methoden/fokusgruppe/.

Weinberg, P., & Diehl, S. (2001). Aufbau und Sicherung von Markenbindungen unter schwierigen Konkurrenz- und Distributionsbedingungen. In R. Köhler, W. Majer, & H. Wiezorek (Hrsg.), *Erfolgsfaktor Marke – neue Strategien des Markenmanagements* (S. 23–35). München: Vahlen.

Weinberg, P., & Diehl, S. (2005). Erlebniswelten für Marken. In F.-R. Esch (Hrsg.), *Moderne Markenführung – Grundlagen – Innovative Ansätze – Praktische Umsetzung* (4. Aufl., S. 263–286). Wiesbaden: Gabler.

worldometers. (26. Februar 2016). Abgerufen am 26. Februar 2016 von worldometers: http://www.worldometers.info/de/.

Youtube. (11. Juli 2015). *Beats by Dre präsentiert: Bastian Schweinsteiger – An Deiner Seite.* (Beats by Dre, Herausgeber) Abgerufen am 24. Juli 2015 von Youtube: https://www.youtube.com/watch?v=Em4wgK1Zl40.